生きる力をつちかう言葉

言語的マイノリティーが〈声を持つ〉ために

田中望・春原憲一郎・山田泉【編著】

大修館書店

まえがき

この本が企画されたのは十年くらい前のことで、刊行されるまでの過程には紆余曲折があったのだけれど、収録された四つの対話に共通するテーマである「声を持つ」ということについて私が考えはじめたのは、さらに十年くらい前にさかのぼる。

当時、私は日本に定住する外国人、特にアジアからの外国人女性のことを知りたいと思い、長野県東部のある町に出入りしていたのだが、そこで外国人支援をしていたSさんたちといっしょに、町の商店街の空き店舗を利用した集会所で、いろいろな活動をはじめた。その集会所に、私たちの共通の思いをこめて「すべての人が自分の声を持ち、自分として生きられる町に」と書いた看板をかかげた。

その集会所で、地域の日本語教室に通っている東南アジアからきたひとりの女性に話しかけられた。彼女は、もう日本語教室に通うのはやめる、という。ひらがなやカタカナは書けるようになったし、漢字もすこしおぼえたけれど、日本人なみに読んだり、書いたりできるようにはなれないと思うのだ、と。

彼女のようなアジアからの外国人女性が、日本社会でほんとうの意味で「声を持つ」ためには、すくなくとも「日本人なみ」の読み書き能力、書記言語を身につける必要があるのだけれど、そのためには気が遠くなるような努力を、彼女たちにも、教える日本人にも強いることになるだろう。しかし、彼女たちに提供されている日本語教育は、そうしたニーズに応えるものではまったくない。それればかりか、彼女たちを「カタコトの日本語しかできない」存在として固定化し、彼女たちの社会参加を限定する、阻害する装置として機能している場合すらあるのだ。

私は、そうした日本語教育を「社会的必要悪」と呼んでみたり、「日本語教育撲滅論」を主張したりしてきたわけだが、当時の日本語教育関係者には、ほとんど理解してもらえなかったように思う。

以来、日本社会のなかでアジアからの外国人女性など、いわゆるマイノリティーと呼ばれる人たちがほんとうの意味で「声を持つ」にはどうしたらいいかを考えつづけてきたわけだが、じつは、日本語教育という枠組みの外にも、マイノリティー化されている人びとがたくさんいることがわかってきた。例えば、障害を持っている人、ある種の病気をかかえている人、さまざまな理由で学校教育を受けられず、文字を身につけられなかった人……。

そのなかには、個人の壮絶な努力によって書記言語を身につけることで、あるいは自分を支えるまわりの人たちと連帯することで、自分の声を持つことができた人がいる。そうした人たちの話を聞いてみたい、聞かなければならないと思った。

戦争孤児の髙野雅夫さんは、朝鮮人のハラボジから文字を習い、夜間中学で書記言語能力を身につけた。現在も、日本社会のなかで、文字を武器として、自分自身と夜間中学の仲間のために闘っている。髙野さんと韓国の文解教育（日本でいう識字教育）とのかかわりも非常に興味深い。徐京植（ソ・キョンシク）さんのオモニ・呉己順（オ・ギスン）さんは、在日一世である。ほとんど学校教育を受けることができなかった。祖国で政治犯として獄につながれた二人の息子を奪還するために、自ら文字を学び、活動を支える人たちとともに、グループとして声を持つことができたといえる。

「浦河べてるの家」は、北海道にある。精神障害などをかかえた人たちが中心となって運営している施設だ。一般社会においてはただの「患者」にすぎない人たちが、そのコミュニティーのなかで自分としての居場所を得て、社会との接点も持ちつづけている。ソーシャルワーカーの向谷地生良さんと精神科医の川村敏明さんは、そうした人たちを指導するわけでもなく、ただの観察者としてでもなく、グループにかかわっている。

聴覚障害を持つ子どもたちの多くは、日本語とはまったく異なった体系をもつ日本手話を第一言語としている。彼／彼女たちが日本語の書記言語能力を身につけるためには、たいへんな努力が必要とされる。上農正剛さんは、聴覚障害児たちが日本社会で声を持つために、その困難を乗り越えなければならないと考え、教育方法、教育システムを確立するために活動している。

私といっしょに四つの対話にくわわってくれたのは、山田泉さん（法政大学）と春原憲一郎さん（財団法人海外技術者研修協会）だ。二人は、私が「日本語教育撲滅論」を言いはじめたころからの数少ない理解者であり、私と同じような問題意識をもって、それぞれ日本語教育の現場で活動している。

日本語教育は、外国人に日本人なみの日本語能力を身につけさせ、エンパワーして、日本社会で日本人なみに活動できるようにすることを、当たり前のように目標としてきた。私としては、今、日本語教育にかかわっている人たちが、この本を読んで、その「当たり前」に少しでも疑問をもって、悩んで、考えてくれたら、とてもうれしい。

同時に、当たり前のように学校教育を受け、当たり前のように書記言語能力を身につけたマジョリティーの日本人（私は、私自身を含めたその人たちを、いささかの揶揄をこめて「なみの日本人」と呼んでいる）が、この本を手にとって、「当たり前」がもっているいかがわしさに気づいてくれたら、さらにうれしい。

田中　望

二〇一二年一月

目次

生きる力をつちかう言葉

――言語的マイノリティーが〈声を持つ〉ために

奪われた文字とコトバを奪い返す

髙野　雅夫
［聞き手］春原憲一郎
田中　望

高野雅夫（たかの・まさお）は、一九三九年満州生まれの戦争孤児。父母が日本人かどうかさえ定かでないまま、戦後、引き揚げの人々にまじって一九四五年博多に流れ着く。身寄りもなく、博多の闇市で野良犬のような暮らしをしていたが、十六歳のころ行動を共にしていた戦友のゴンチがチンピラとのけんかの際に目の前で殺された。それを機に、逃げるように列車に無賃乗車し、放り出された終着駅が東京だった。そこがどこかもわからないまま野垂れ死にしそうになっていたところを、山谷のバタ屋（廃品回収業者）のおじいさんに拾われ、仕事を手伝いながら一緒に暮らす。その朝鮮人のハラボジが拾い集めた「いろはかるた」で、生まれて初めて、自分の名前を奪い返す。

一九六一年、二一歳のときに荒川第九中学校夜間学級入学。教師や仲間との交流の中で、初めてコトバで自分を表現することと差別のない社会を知る。六六年、行政管理庁が「夜間中学早期廃止」勧告を出したのに反対する形で、証言映画『夜間中学生』を自主制作し、全国行脚して抗議の上映運動をした。六八年には釜ヶ崎に泊まり込み、大阪の夜間中学設立運動に奔走。七六年から三宅島で夜間中学運動の仲間と、廃材枕木六五〇〇本を使った自主学校「生闘学舎자립」の建設に取り組み、八〇年に完成。九八年、ソウル大学語学研究所へ語学留学。それがきっかけとなって、韓国の「文解（ムネ）教育運動」に参加する。二〇〇九年四月から一年間、立教大学大学院特任教授を務めた。

時代と権力に翻弄され、成人して夜間中学に入るまでコトバも人間的感情も奪われていたという痛切な体験から、自分の文字とコトバを持つことこそが人間としての尊厳を確立する第一歩であるという信念のもと、夜間中学の再生・存続、そして韓国の「文解（ムネ）教育運動」とも連携した識字運動に取り組んでいる。そうした活動を通して導き出されたのが、敗者に希望と尊厳をもたらす「コヤシの思想」であり、それは競争社会の強者となって個人として花開く「タネの思想」の対極をなす。

●髙野さんとの出会い

春原　私が髙野さんにはじめてお会いしたのは、たしか一九八〇年、高円寺駅前の喫茶店でした。ちょうどケニアから帰った直後で、次男の大くんが書いた『ミラージュの森（くに）』（修羅書房、一九八〇年）をスワヒリ語に翻訳してくれないかって言われたんですね。いま考えると、無謀なことだったんですけれども。

その直後、私は名古屋に移り、髙野さんは、例のあの派手なワゴン車で私の勤務先（AOTS中部研修センター）の寮に見えたのです。そのワゴン車たるや、どてっ腹に「空気をよこせ、殺（や）られてたまるか、チャリップ（ハングルで表記されている「自立」の意）、父母の恨みを受け継ぎ、仇討ち……等々」と大書された、伝説の黒塗りキャラバンでした。結局、大くんの『ミラージュの森』と長男の生くんの『敗者よ再び挑戦者たれ』（修羅書房、一九八一年）を訳させていただくことになりました。

そのあと、生くんがアフリカに行くというんで、当時鐘ヶ淵にあった工場に、荷物の重さを量りにきたりして、あのとき以来、時々お会いするようになって……。ちょうどあのころ、三宅島に枕木で造った「生闘学舎자립」という学校を完成されて、建築学会賞をお取りになった。

それで、今朝起きて、髙野さんからいただいたTBSのドキュメンタリー『浮浪児・マサの復讐』っていうビデオを観返してたんですが、あれは何年頃に制作されたのですかね。

髙野　一九六九年です。ちょうど東大の安田講堂が落ちて、東大入試が初めて中止になったとき。

その年の六月五日に大阪の天王寺中学校、夜間中学校がはじめてできたんです。

春原　「夜間中学ができるまで大阪を出ない」とおっしゃっていましたよね。それを、たまたま今朝取り出して見ていて、髙野さんが、教育っていうのはどこまで人の可能性を信じて出来るかだということを、繰り返し語っていらっしゃって、いまの教育っていうのが、むしろ可能性をつぶしていくっていう形で機能しているんじゃないかということを思ったんです。

　ところで、髙野さんは一九三九年にお生まれになったんですよね。

髙野　はい、一九三九年。

春原　十二月二五日と書かれてますけども……。

髙野　それはいいかげんな話でね。

春原　ともかく一九三九年に旧満州でお生まれになった。私なりに整理すると、そこから引き揚げていらして、博多での生活、親友のゴンチとの別れ、上京してサンドイッチマンとかされて、夜間中学に入る……というあたりが、髙野さんのこれまでの生き様の第一期かなと思います。おそらく、私たちが会ったときというのは、そのあとの、生くんと大くんをつれて、キャラバンで沖縄までまわりながら、髙野さんがずっと語ってきた「コヤシの思想」や「敗者の思想」というのを考えられて、三宅島に、六五〇〇本の枕木を使って、「生闘学舎」という独自の学校を建てた。またそのあと、髙野さんは一時、自伝を書いていて、その後韓国に渡られて、ハングルを学んだ。で、今はソウルと大阪で、ハルモニ、オモニたちの交流活動をされている。

●満州での底辺生活

春原　まずは、東京に出ていらして、山谷で朝鮮人のハラボジ（おじいさん）から「いろはかるた」で文字を教えてもらった。そのあたりからおうかがいできたらと思うんですが。

髙野　そのことを話すためには、満州のころから話さないと……。満州時代については、部分的にはけっこう鮮明に憶えてるんですよ。でも、全体像はぜんぜんわからない。

田中　日本に引き揚げてきたときは何歳ぐらいでしたか？

髙野　六歳だったと思う。路地裏で、中国人、いわゆる「満人」といっしょに遊んでいたときには、読み書きは必要ないんです。そのころは中国語っていうのか、満語っていうのかわからないんですけど、ベラベラしゃべれたんです。

春原　高野さんご自身も、本当のところ自分は日本人なのか中国人なのか、わからないんですよね。

髙野　満州は夏が短いのですが、ある夏に捨てられた赤ん坊を、オレがおふくろだと思っている人が拾って、タカノマサオってしたのかもしれない。だから正確にはわからないんですよ。日本人なのか中国人なのか朝鮮人なのか。

田中　名前の「タカノ」も「マサオ」も、そう呼ばれていたんですね？

髙野　そう。当時はそう呼ばれていて、耳では覚えてるんですね。隣のオンドルの小さな家に中国人のお姉さん——みんな「クーニャン（姑娘）」って呼んでいました——がいて、おふくろは病弱でほとんど寝たきりだったんで、いつもそこで遊んでたんです。ご飯を食べさせてもらったり。

田中　そういうふうにして五、六歳まで満州にいて、そのあと日本に引き揚げてくるわけですが、そのときの記憶はありますか？

髙野　強烈にありますね。引き揚げてくるとき、難民の中で、赤ん坊がいますよね。昼間歩くと「チャンコロ」や「ロスケ」に皆殺しにされるっていうんで、コーリャン畑とか林の中にみんな息をひそめててね、夜、ぞろぞろ動き出すんです。当然、食べ物がなくなってね、飲み物もなくなって、お母さんのおっぱいが出なくなって、赤ん坊が「ぎゃあ」って泣く。その泣き声で皆殺しにされるって、男たちが首絞めて殺そうとする。そうすると、本当のお母さんが「どうせ殺すなら私が殺す」って言って男たち突き飛ばして……。あれはもう、いまでも時々夢に出てきますよ。強烈ですね。オレはあれが、戦争の本質だと思ってるんです。ほら、爆撃したとか、撃ち合ってるとかね、そういうのが戦争だっていうイメージがありますけど、誰も銃を持ってない、弾が一発も飛んでこないところで、自分が生み育てた我が子の首を絞めて殺す母親と殺される赤ん坊……。

春原　髙野さんが「自分は戦災孤児じゃない、戦争孤児なんだ」とおっしゃるのは、そういうことなんですね。髙野さんは、自分は被害者でもあるけれども、同時に加害者でもあるんだっていうことを繰り返し言ってらっしゃいますよね。

髙野　そうです。それにこだわって生きてきたんです。オレが新聞とかマスコミに取り上げられると、戦災孤児って十把一からげにされるんだけど、自分の中では、そんなに単純には割り切れない。ひとつの側面として、敗戦後のいわゆる浮浪児というのがあるわけです。どこかに親がいて、ただそのときにはたまたま一人なんです。こういう戦災孤児っていうのは、やっぱり完全に戦争の被害者なんでしょうね。

けれど、それとはちがってオレはね、帰ってくる途中に、道端に倒れてる人から大人たちが食べ物を奪ったり飲み物を奪ったりしていく、そのまたおこぼれを奪って、生き残ってきたんです。死んだ人からはもちろんだけど、まだ生きている人が、手に握っているものを奪って生きてきた。

それから、生きているときの親父は、全然会ったこともないし、わからないんですけど、たぶん死んだときに、ある寒い夜に日本でいうお通夜みたいなのをおふくろと隣のお姉ちゃんと三人でやったようなかすかな記憶があるんです。そのとき、親父が死んだってことより、兵隊さんの帽子をかぶった黒い額縁の写真の前に供えてあった饅頭（マントウ）を盗んで食った、その記憶は強烈に残っているんです。親父のことなんて全然……。

田中　お母さんのことはどんなことを憶えていらっしゃいますか？

髙野　満州は、冬は零下何十度で、なんでもカンカンに凍るんですね。捨てられた赤ん坊もカンカンに凍る。満人の子供たちと、そのカンカンに凍った赤ん坊を蹴飛ばしたりして遊んでるときに、おふくろが鬼のような顔して怒鳴ってきたんですよね。生まれて初めて見る、すごい形相でした。当時は、なんで怒鳴られたのか全然意味がわからなかった。

田中　それはある程度ふつうのことだったんですか？

高野　俺たちにとっては。おもちゃもなにもないから。道にサーって水をまくと、もうみるみるバーって凍るんです。それで、遠くから走ってきてスーっと滑るとか、その程度しかないんですよ、遊びが。昔、キューピーさんってセルロイドの人形ありましたよね。だからね、赤ん坊が死んでるっていうより、なんていうのかな……、かわいいっていうのも変だけど、凍った赤ん坊は遊び道具なんですね。スーっと滑るところを、凍った赤ん坊をサーって先に行かせたりとかね、来たあとからバーって走って、今度は蹴飛ばしてみたりとか……。今から考えると、ゾッとする。

春原　赤ん坊は死んでしまうと、そうやって外に放ってあるんですね。

高野　貧しいからでしょうね。こう言っちゃあなんだけど、みんな野グソたれてるんですよ。その野グソの間に赤ん坊がいるんですよ。そういう部分はすごく覚えてるんですよ。

田中　そのとき、すごい勢いで怒られたというのが、お母さんについての鮮明な思い出なんですか？

高野　それがおふくろのたった一つの思い出なんです。引き揚げる途中のことは全然。途中までいっしょだった、かすかな記憶はあるんですけど、はぐれたのか、死んだのか全然……。

田中　怒られたとき、お母さんから言われた言葉を憶えてらっしゃいますか？

高野　あんまり……。すごい形相で怒られたことだけ強烈に残ってるけど。

田中　でもやっぱり、日本語だったんでしょうね。

高野　もちろん、それはそうですね。

●戦争孤児となって引き揚げ

春原　引き揚げてこられるときにはお母さんも一緒だったわけですね

高野　最初はですね。途中ではぐれたのか死んだのか……。だけど、当時のかすかな記憶で「捨てられた」っていう思いは強く残っているんです。捨てられたっていう恨み。それはずうっと引きずりましたね。

田中　でも、まだ五歳か六歳ですよね。その子どもが、保護者なしで、引き揚げ船に乗って帰ってくる過程では、やっぱり一人の人間としてかどうかわからないけども、生き物としては、認められていたんですかね？　みんなで引き揚げるんだっていうことの中では。

高野　認められるも認められないも、とにかく、人の流れのほうに必死にくっついていただけ。だから、特定の人にずっと連れてこられたっていう記憶はない。

田中　それはやっぱり、生命力ですね。

春原　食べ物なんかはどうしたのですか。

高野　倒れてる人がいたら、オレだけじゃなくてみんながもうわあっと。よくハゲ鷹のようにっていう表現するけど、食べ物だけじゃなく、身ぐるみはがされて、それを中国人に売ったりした。もう連れていけなくなった子どももね。記憶ではね、どっちかが高いんですよ。男の子が高いのか、女の子が高いのかそのへんはハッキリしないんですけど、「日本人の子どもは頭がいい」ってのと「労働力が足りない」ってこともあったんでしょう。食べ物と交換したりとか、お金であれしたり……。

田中　いわゆる帰国孤児ですね。

高野　いまはもう名乗り出る人も少なくなりましたけど、一時、残留日本人孤児の肉親探しをしていましたよね。それは、やっぱりいろんな事情があったと思います。全滅するよりもましなんだと、少しでも、お金や食べ物に換えたり……。やむを得ずそうするお父さんやお母さんがいっぱいいたんじゃないかな。

田中　引き揚げてくるというか逃げてくるわけですよね？　そのときにわれわれは仲間だとか日本人だとかいうような意識は、ほとんどないんですかね？　倒れた人から、物を奪い取って食べるっていう、相手はやっぱり日本人でしょう？

高野　だからもう、動物に近いんだと思うんですね。相手が日本人であるかどうかより、まずどんなものを持っているか。自分よりいいものを着てるか、いい靴を履いてるか……。

春原　引き揚げ船の中でも死んだ人もかなりいたんですよね。

高野　死んだ人がいても、みんな幽霊みたいにボーっとしていた。闇市でもそうでしたよ。

春原　それで、たまたま着いたのが博多だったんですね。

高野　日本っていう概念すらまったくないんです。だから、「あ、あそこ博多だったんだ」っていうのはずっとあとになってから知った。

田中　どこから船に乗ったのかも憶えてないですか。

高野　そういうのもわからない。土地の名前も、時間も。どこを通ってどうやって日本に着いたのかも、まったくわからない。
田中　もともといらしたのは、満州ですよね。
高野　夜間中学入るときに、戸籍謄本と住民票持ってこいって言われて、その意味すらわからなかった。それで、あわてて厚生省とか外務省とかまわってるときに、「どんなとこだった？」とか「まわりの光景は？」って訊かれて、憶えていることを話したら、昔の奉天の郊外じゃないかって言われました。
春原　その戸籍をつくるのに、一年ぐらいかかったんですよね。
高野　そうそう。外務省とか法務省とか厚生省の引揚局とか……。引き揚げてきたら港で受付のようなものがあって、そこに記録があるんじゃないかって思っていた。そうじゃなくて、落ち着いたところ、たいがい身寄りを頼っていった先の役場とかでつくったみたい。
田中　そういうのが一切なかったんですね。
高野　もう、焼け野原に一人。そこが日本なのかも全然わからなかったくらい。ただ、大人たちが「日本だぞー」って叫びながら船から降りていったから。

●博多での野良犬のような暮らしと戦友ゴンチの死

春原　それで、博多へたどり着いて、そこでいろいろなことがあったわけですね。

高野　野坂昭如さんがよく闇市のことなんかを書かれてますね。あのぐらいの歳だったら、まだ鮮明にいろいろ覚えているんだろうけど……。とにかく、飢えをしのぐのが精一杯だった。「野良犬」って表現するんですが、まさにぴったりなんですよ。
田中　そういう中で、警官に捕まって、そこで「名前を書け」といわれたのが、文字というもの、なにか自分が呼ばれていた名前みたいなものを書かなくてはならない、「書く」ということとの最初の出会いなんでしょうね。
高野　そうですね。そのころからタバコふかしたりして。通称・バクダンっていうメチルアルコールを薄めた酒の代用品があってね。それを盗んできて闇市に売りにいく。そうすると、盗品だとわかるから、ものすごく安く叩かれて。頭にきて、それガブ飲みしたりね。それで失明した人、いっぱいいますしねえ。
春原　高野さんは大丈夫だったんですか？
高野　いや、オレも何度も失明しかかった。いまも左目が、その後遺症で年とともにだんだん見えなくなってきてます。
　でも、よくみんなから聞かれるんですけど、その頃は「つらかったでしょう？」とか「苦しかったでしょう？」、「悲しかったでしょう？」、あるいは「死にたいと思ったでしょう？」って。それが全然ないんです。つまり、人間が持っている「つらい」、「苦しい」、「悲しい」、「死にたい」といった、そういう感情まで奪われているんですよね。だから、本当に野良犬。

田中　「怒り」はあるんですか？
髙野　それが、怒りの感情までないんですよ。飢えをしのぐのがすべてなんです。食えるか食えないかがすべての基準なんです。だから、涙を流したこともなければ、死のうと思ったことも一回もない。誤解を恐れずに言わしてもらえば、死のうなんて思うのはね、まだまだ余裕がある人ですよ。そういう中で、その名前を書けないっていうことが、火をつけてくれた。だから、いまから考えると、オレをぶん殴った、憎らしくて殺してやりたいと思ったおまわりさんが逆に……。
田中　文化に目覚めさせてくれた、と。
髙野　あれがなかったら、ずっと動物のまんま……。あるいは、どっかで殺されたか、人殺しになってるか……。

あれが、一番大きなきっかけですね。「名前なんだ」って訊かれて、「タカノマサオ」って言うと、「書け」って。「正直に言え」って言うから「書けねえ」って言ったら蹴飛ばされる。当時ね、おまわりさんは軍隊の靴を履いてたんですよ。それでいきなり蹴飛ばす。だから、その次に捕まったとき、正直に言っても殴られるから黙っていると、「てめえ、名前ぐらいあるだろ」って殴られた。正直に言っても殴られるし、言わなくても殴られる。それは、どう考えても納得いかない。
田中　そこから怒りが出てくるんですかね？
髙野　そういうときに、戦友のゴンチが身代わりに殺されたんですね。
田中　警察に捕まるときは、ゴンチも一緒に捕まったりしたんですか？

高野　いつも何人かで捕まるんだけど、なんか知らんけどオレだけ残る。みんな誰かが引き取りに来るんですよ。それで、オレがやってないのまで全部オレのせいにされる。だからもう、いつも目の敵にされて……。
田中　ゴンチが亡くなったときっていうのは、どういう状況だったんですか？
高野　チンピラとのけんかで、ナイフで刺されて殺されたんです。いや、それまでですね、死ぬとか生きるとか、考えてもみなかった。だから、逆に、怖いもの知らずなんです。
春原　死人なんかも見慣れてるわけですよね。
高野　そんなのもう、毎日、毎日。ケンカで殺されたり、飢えで死んだり、もうバタバタ死んでた。怖いとか思ったこともない。だから無茶苦茶できたんでしょうね。でも、彼が殺されたとき、初めて体が震えたんです。
田中　そのとき初めて恐怖というものを感じたわけですね。
高野　そう。それでも、まだまだ動物の次元ですよね。

●山谷のハラボジに名前の書き方を教わる

田中　名前が書けないと警官に殴られて、どうしても納得いかないという気持ち、それから、ゴンチがチンピラに袋叩きになって殺されて、生まれ初めて感じた恐怖、そこからいろいろなことがスタートするわけですね。

髙野　それが重なったんですね。とにかく逃げなくちゃっていうんで、無賃乗車で汽車に乗って、見つかって。ほら、よく虫けら扱いされるっていうでしょう。オレは虫けら扱いされるほうがまだいいと思うんですよ。虫けらには命がある。ゴキブリだってね。虫けら以下のゴミみたいにね、ホームに放り投げられた。虫けら以下のゴミ扱いなんです。それでもまた乗っていって。そうしたら汽車が止まっちゃって、みんな降りていくから「やばい」って飛び降りたところがたまたま東京なんです。だから、あの汽車がずうっと青森とか北海道へ行ってたら、そこまで行ってた。

春原　東京に行こうと思ったわけじゃないんですね。

髙野　東京があることも全然知りません。たまたま来ちゃった。でもね、もうだいぶ少なくなりましたけど、上野公園にイラン人がいっぱいいたでしょう。今でも、だいたい上野公園に流れ着きますよ。それで、そのあと働き口を求めて山谷へ行って。お決まりのコースなんです。上野の地下道と上野公園で、水ばっかり飲んでいた。腹ペコペコで死にそうになって、駅前にあるパン屋さんでパンを盗もうとしたんです。そうしたら、ゴンチの顔が目の前にガバッと現れ盗めなかった。そのときに、なんとしてもあいつの分まで生きたいと思ったんですよね。だけど、当時のオレの頭では、何をどうしていいかまったくわからなかった。ただ、博多でやっていたようなことはしないで、とにかくゴンチの分までどうしても生きたいと思ってね。そればっかり考えてフラフラ歩いていたら、たまたま山谷に流れ着いた。公園で、九九パーセント死んでたんですよ。もっと大きな公園だったような気がしたんですけど、二～三年前行ったらわりと小さな公園だった。

田中　そこで、ハラボジと出会うんですね。

高野　そうです。最初は、わからなかったんですよ。おじいさんが「おい、おい」って言うんで、あの世から迎えにきたのかなあって思ってね。ボーっとして、ほとんど意識がないですから。そしたら、今はあんまりやらないんだけど、昔はよく一斗缶に穴をあけて、かまどをつくっていたでしょう。その上に鍋をのっけて煮込みうどん食わせてくれた。次の日から、そのバタ屋のおじいさんと一緒に毎朝リヤカー引くようになって、「おじいさん、オレの名前を教えて。タカノマサオって言うんだけど。どういう字か、読めねえし書けねえし……」って必死に頼んだんです。

田中　そのときは山谷のなにか宿舎みたいなところに住んでいたんですか？

高野　今流にいえば、ホームレスみたいなもんだな。ビニールのテントで。

田中　名前を教えてほしいっていうのは、高野さんのほうから……。

高野　そうです。書けなくておまわりに殴られたから。おじいさん、教えて教えて、って。リヤカー手伝いながら。

田中　そのおじいさんが自分の敵ではないっていうことはわかるわけですか？

高野　なんていうのかな、ボロボロのシャツを着た小さなおじいさんで、ほとんどしゃべらないんですよ。ソウルのパゴダ公園に行くと、おじいさんがみんなそのハラボジに見えるんだよな。

　自分は名前にこだわってるでしょう？　だから「おじいさん、名前なんていうんだ」って聞くと、「ネエ」って言うんですよ。何度聞いても「ネエ」って言う。そのときは、やっぱりなんか言いたくない理由があるんだろうなって思ってしつこく聞くのやめたんですよ。後になって韓国へ留学に行ったんですが、学校で出席を取るじゃないですか。そうすると、みんな「ネエ（はい）」って返事するんですよ。あのとき初めて、あのハラボジが「ネエ」って言ったのは朝鮮語だったんじゃないかって……。釜ヶ崎でも山谷でもそうなんだけど、「おっちゃん、名前は」って聞いても、みんな「名前なんかあるわけねえだろ。名無しの権兵衛だ」っていうんですよ。名前なんか「ねえ」って。だから、それだとばっかり思ってたんですけど。

ほとんどしゃべらない人でね。集めてきたくずを「しきる」っていうんですが、新聞は新聞、空き缶は空き缶、ビンはビンに分けて、問屋のおっちゃんがトラックできて、量って、お金をもらう。そのあいだも黙々と、ほとんどしゃべらない。まわりのおっちゃんたちが「チョウセン、チョウセン」っていうから、「ああ、朝鮮人なのかな」って思った。

田中　そのハラボジは、日本語はできたわけですよね。高野さんが名前を知りたい、文字を知りたいということに対して答えてくれたわけですから。最初は、拾ってきたカルタを使って。

高野　そうです。すこしずつ集めてきてくれたんです。

田中　あ、一箱じゃないんですか。

高野　完全に一箱新しいものじゃない。いまはほとんどなくなりましたけど、昔は路地に、大きな木で作ったゴミ箱があったんですよ。ガッチャンって……。

田中　ありましたねえ。私の子どものころ。

高野　そのゴミ箱やお店をまわって、くずを集めながらカルタも少しずつ集めてくれたんです。行くたんびに、気をつけてくれたのかなんか知らないけど。
田中　それは、絵がかいてありますか？　凧の絵があって、そこに「た」って書いてあって……。
高野　そう、そう。「かに」とか「まり」とか、相撲の「のぼり」とか。
田中　あ、あれで「の」なんですか。で、その拾ってきたカルタで……？
高野　「これがおまえの名前だ」って、並べてくれた。それを見ながら、拾ったちびた鉛筆で、生まれて初めて文字を書いた。夜間中学にくるオモニたちもそうですけど、鉛筆の握り方がまずわからない。それで、まっすぐ線が引けないんです。力入れるとすぐ芯が折れて、紙が破れるんですよ。たった「たかのまさお」六文字書くのに、もう、ずいぶんかかりましたよ。どのぐらいかかったのかよくわかんないぐらいかかりました。オモニたちもみんな、線引いたり丸を書いたりとかね、最初そこからはじめるんですよ。とくに「の」とか、丸いでしょう？　「か」だって、こういうふうにいかない。だけど、これがやっぱり生きてるんだなあって思ったんですね。
田中　それが書けたときですか？
高野　完成したときっていうのかな。ああ、おれが「たかのまさお」なんだって。あれがやっぱり、人間になっていく原点だったと、いまでもかたくなに信じてますね。
　だから、識字もそうなんだけど、文字とコトバを、知るっていうのと学ぶっていうのと奪い返すっていうこと。オレにとって、「奪い返す」ってぴったりなんです。「学ぶ」なんてもんじゃないです。で、その奪い返すのは、目的があるから奪い返すんですね。それはもう、復讐以外のなにものでもない。

田中　そのときはやっぱり、ゴンチですか？　「奪い返さなきゃいけないんだ」と思う原動力っていうのかな。ゴンチの分まで生きるためという感じなんですか？

高野　それもありますけど、あの、正直にいってオレを殴ったおまわりの前に行って書いてやる、つきつけてやりたい、その一念ですよ。ざまあみろって。いまも山谷のすぐそばにその交番があるんですけれど、今度は捕まったら名前すぐ書けると思ってその辺をうろうろしてたら、そのときは捕まらないんですよ。くそ、このやろう、まじめに仕事しろって。なんかもう漫才みたいだけど、マジなの。真剣なんですよ。

春原　よっぽど、恨みがあったんですね。おまわりさんに対してね。

高野　そのときの怒り、今でも、変わらない。だから、そのあと夜間中学に入ったりして、いまも夜間中学の活動を続けているでしょう。「立派に更生されましたね」って言われるんですけど、中身は全然変わってないんです。不良少年が不良青年になって、不良中年になって、不良老年になって……。今でも、あの怒りがあります。それが支え。

春原　『浮浪児マサの復讐』というテレビ番組の中で、女性のキャスターが、釜ヶ崎でどうやって食ってるんだって聞くと、髙野さんは「そんなことは、二次的なことでくだらないんだ」って言う。でも、しつこく聞くの。そうしたら「泥棒してでも生きる権利はあるんだ！」っていうようなことをおっしゃってね。

髙野　あのあと、釜ヶ崎のおっちゃんたちであれ観てた人がいてね、「おいおい、あんちゃん、やっぱり泥棒は悪いぞ」なんて言われた。

●人間になる原点をもたらしてくれたハラボジの死

田中　「たかのまさお」という名前を書けるようにするというのは、おまわりに対するいわば復讐みたいな感じですよね。そのあと、ほかの文字も学んでいく過程で、仕事がないと山手線に乗って、看板や広告に書かれた文字を片っ端から勉強して、何周もするという話を書かれていますね。とりあえず名前が書けるようになる。そこから先は、やっぱり文字を学んでいく、奪い返していく「よろこび」みたいなものになっていくんですか？

髙野　いや、よろこびよりも、そのあと、オレが神様だと思っている、あのおじいさんをゴミのように捨てた奴らに対して、やっぱり復讐したいっていう気持ちですね。

田中　どのようにして亡くなったんですか？　自然死ではなかったんですか？

髙野　当時、まわりの人が言うには「ポックリ病」だって。心臓麻痺だったのか、なんなのか、よくわからないですけど。寝るまではなんともなくても、朝、冷たくなってた。多いんです。あんまり珍しいことでもない。

本当にボロボロで汚いおじいさんでね。まわりから「チョウセン、チョウセン」ってバカにされてる。でも、よく後光が差すっていうでしょう。みんな「まさか」って言うんだけど、本当に光り輝いて見えたんですよねえ。それまで、神様とか仏様とか、考えてもいなかったんですけど、もしこの世の中に神様がいるとしたら、このおじいさんのような人だと思った。だから、少なくとも、このおじいさんはオレの神様だっていうふうに決めたんですよ。

　で、そのおじいさんを、区役所の奴らかなんか知らんけど、仏様だから丁寧にどっかに運んで、お墓に焼いて入れてくれるのかなと思ったら、誰もさわらないんですよ。粗大ゴミみたいな感じ。何かではさんでポーンって、ちっちゃなトラックに……。そのとき、「オレの神様になにしやがるんだ！」って、区役所の奴らにつかみかかった。おまわりが飛んできて、手錠はめられて……。そのときにねぇ、初めて泪があふれてきたんです。だけど、それが人間の泪だっていうふうにわかったのはずっと後で、夜間中学で勉強してからですよ。なんか知らんけどね、水が流れてきてね、止まらない。

春原　「泣く」ということを初めて知ったわけですか。

髙野　そういう感情まで奪われて、ずっと生きてきたんです。

田中　ゴンチのときとも、また違うんですか。

髙野　ゴンチのときは、もう、恐ろしさだけですね。ああ、オレも殺されるって、動物が逃げるみたいな。唯一の戦友を見捨てて、見殺しにして逃げてくわけですから。

　だから、そのときなんですよ。どんなことをしても勉強して、文字とコトバをもっとちゃんと読めるように書けるようになって、絶対恨みを晴らしたいと思ったのは。
田中　そのときまでに勉強していたのは、ハラボジに教えてもらった名前ぐらいですか？
髙野　まず平仮名の自分の名前を習った。他の人見ると漢字の名前持ってるじゃないですか。平仮名だけじゃかっこわるいから、「おじいさん、漢字教えて。このかっこいいほう教えて」って。古い辞書で教えてくれたから、あの「髙」なんです。だから、この「髙」変えないんです。ハンコでもみんなあれ。
春原　そのハラボジが、髙野さんにとって後光が差したっていうのは、やはり文字を、言葉を自分に伝えてくれたということが、すごく大きなこととしてあるんでしょうね。
髙野　野良犬として生きてきたオレが、自分の「たかのまさお」っていう六文字を奪い返したっていうことは、やっぱり人間になった原点なんです。
田中　山手線でグルグルまわりながら勉強したっていう話ですが、そこでは、いわば単語みたいな形で覚えていくわけですね。
髙野　そう、そう。もう、無差別に。わからなかったら、隣の全然知らない人に「あれなんていうんですか？」って聞いてね。「おまえバカか？」って言われて。恥ずかしいとか、そんなのはもうないんですよ。とにかく、あれを知りたい、読みたいっていう……。
田中　それは、もう、漢字であったり平仮名であったり……。
髙野　そう。もう無差別。

春原　教えてもらうっていうのは、メモしたりするんですか？
髙野　ハラボジが拾ってくれて、漢字を教えてくれた、ハンパの辞書みたいのがあったんですよ。わからないと、一周しながら、それに載ってるかどうかって一生懸命探すの。で、またまわってきて、わかんないと、隣にいる人に「あれはなんていうんですか？」って。もちろん、白い目で見られたりね、面と向かって「おまえバカか」、「頭おかしいんじゃねえのか」なんて言われた。ふつうだったら、恥ずかしいから聞くのやめようと思うじゃないですか。知りたいっていうことが、ただ単に読めるとか書けるようになるんじゃなくて、「よし、これを知ってハラボジの敵を討つんだ」って、そういう思いですから、恥ずかしいとかなんとか、そんなもんじゃない。
春原　それはやっぱり、「学ぶ」っていう次元のものじゃないですね。
髙野　だからね、文字を「知る」とか「学ぶ」なんてのはオレにはないんです。奪い返す、闘いなんです。大げさにいえば、生きるか死ぬかの闘いなんです。「今に見てろ」って。
春原　その頃は、ハラボジがやっていたバタ屋の仕事を引き継いでやっていたんですか？
髙野　最初はね。でも、バタ屋って、すごく重労働なんですよ。だから、もっと楽で、勉強になる方法はないかっていうんで、サンドイッチマンを発見したんです。
　プラカード持ってる間は、看板がないところを歩くわけないでしょう？　だから、商店街の中を、ブツブツ言いながら……。もう、朝昼晩と掛け持ちでやったりね。早朝のビラまきとかね。

で、公園にいたんだけど、ちゃんと勉強できないじゃないですか。電気もないし。お金をためてドヤに行ってもね、当時は大部屋なんですよ。だから、勉強なんかできない。もっとお金をためてどっかへ行こうと必死で働いた。

●個人的な復讐の念から社会的関心への必然の展開

田中　とにかく単語を覚えるという状態から、例えば、自分で一つの文を書くとかね、そういう状態になるのは、いつごろからなんですか。

高野　それは夜間中学に入ってからですね。それまでは、もう無差別。勉強の仕方がわかんないですからね。ただ、覚えた単語を再現して、いろはがるたを並べる。「ころしてやる」とかなんとかね。

田中　そうすると、文章であるとか、自分の思いをある形にしていくためには、やはり学校的なものというのは必要だっていうことになりますか。

高野　そうですね……。それ以前に、やっぱりオレはなんていうのかな……。最近、「必然」っていうことにこだわってるんです。必然があるかないかがすべてだと思ってますね。

田中　「必然」というと、高野さんの場合、ハラボジやゴンチに対する思いですか。

高野　闇市なんかでも、毎日毎日仲間たちが死んでいったでしょう？　だから、生き残った人間としてやっぱり、絶対この歴史は伝えたい――そう言うとかっこいいんだけど、実際は復讐です。絶対に仇を討ってやりたい。それは、いまでも変わりません。

田中　そのためには自分で文字を持って、書くんだっていうことに繋がる。

髙野　それが「武器になる文字とコトバ」に繋がっているんです。単なる、読み書きができるだけではなくて、かつては腕力とナイフでしか自己主張できなかったオレが、文字とコトバで、どこまで自己主張していけるのかということ。

春原　髙野さんにとっての復讐は、自分の思いを表現していく、文字を使って表現していくという形になっていったわけですね。

髙野　最初の出発点、原点はタカノマサオっていう個人なんだけど、夜間中学で学んで、そのあとの歴史の中で変わっていくんですね。例えば、一九九〇年の国際識字年のとき、世界に十億近い仲間たちがいる、と。「ああ、そうか。俺は十億分の一なんだ……」っていうふうに広がっていってしまった。

田中　最初は、ゴンチであり、ハラボジであった。

髙野　そう。わりと個人的なね、直接関係した人。

春原　いま、必然っておっしゃったけど、髙野さんがハラボジに拾われたことも、それから、夜間中学に行ってみようと思ったことも、普通に考えると偶然みたいなことが、実は繋がっているんだということですかね？

髙野　まだハラボジが生きてるときに、塚原雄太っていう先生が、夜間中学であったことを書いた日記みたいな、記録みたいな本の、きれっぱしを見つけたんです。でも、中学っていったって、もう二十歳近くなってましたから、大人なんか入れないようなところだって、漠然と思ってたんです。だけど、ハラボジが死んで、もう、いろはがるた並べてても、それから先どうやっていいかわかんないんで、「あ、そうだ。あれ行ってみよう」と、思い立つわけです。

春原　そういう一つ一つのことが、偶然じゃないんだ、と。

髙野　俺たちは「偶然はない」っていう考え方なんです。ただ、それを予見できなかった、発見しなかっただけであって。だから必然がない人は学校なんか行かなくてもいい。

田中　そんな人いっぱいいるかもしれない。われわれがこの本の中で考えていきたいと思っているのは「声を持つ」ということに関してですが、おそらく「声を持つ」ためには、髙野さんがおっしゃるような意味での、ある種の必然がなければいけないんだと思うんですよ。ただ、その必然から「声を持つ」ということを、文字に結びつけたのは、髙野さんの形ですよね。でも、それ以外の声の持ち方もあり得る。

中国帰国者の子どもで、学校になじめなくて、暴走族になった人の話を聞いたことがあるのですが、彼は、その暴走族という形である種の自己表現というか、声を持とうとした。彼もやっぱり、ちゃんと日本語が書けるようになりたいという気持ちは持ってはいるんだけれども、現時点では、そういう勉強はしなかったわけですよね。でも、私は、やっぱりある種の必然があって、その声をどうにかして伝えようとした形が暴走族であったり、暴力団という形であったりする。それは法律に触れることだったりするんだけれども、でもそこに声を持ちたい、声を持つんだっていう思いはあったと思うんですよね。

髙野さんの場合、それが文字というところにたどりつくわけだけれど、文字という形で声を持つというのは、必ずしも全員に共通するかどうか……。つまり、例えば絵であるとかね。山下清は、貼り絵という形でいわば声を持ったと思うんですね。そういう中で、髙野さんが文字というところに、自分で書くんだ、復讐として文字を奪い返すんだっていうところにいったのは、やはり最初の警官が動機なんでしょうかね？

髙野　それは、やっぱり一番大きいですね。

田中　そこらへんが、必ずしも全員が、そうではないのかな、という気もするんですが……。

髙野　だから、そのへんが分かれ目だと思うんですよ。個のまま終わってしまうか、個から類へいって、さらに民族までいくかどうかって。その必然の度合いっていうのか、量っていうのか……。

春原　髙野さんが、三宅島で、何年もかかって、枕木の家を作った。すごく大きな立派な家をね。トイレもすばらしいし、当時は温泉も出た。あれもやはりひとつの表現ですよね。ああいう形で学校を作って、次の世代、子どもたちの世代に繋げていくんだっていう。私はあれもひとつの髙野さんの表現なのかなという気がするんですけど。

髙野　そうなんです。あれも、見返りを自分のものとすることを目的とする「タネの思想」に対して、成果が個人を超えて受け継がれていくという発想に立つ「コヤシの思想」を具体化していく、昇華していくひとつの実践なんです。あそこにどれだけのお金や労力、時間をつぎ込んでも一切の見返りを大人は放棄する。求めない。あれは全部次の世代に贈り物として残していく。そういうふうに生きた過程は、俺たちにとってすごく大事なんです。

●夜間中学入学

春原　塚原（雄太）先生が書いた本のきれっぱしを思い出して、夜間中学に行こう、と。それで、たまたま荒川の近くに夜間中学があったんですか、それとも探したんですか。

髙野　塚原先生が荒川九中の先生だったんです。それで九中に訪ねていった。その本を出したころ、まだ現職でいましたから。だけど、おれたちのような人間は、学校とか病院とか役所っていうのはね、怖くて入れないんです。いい思いをしたためしがない。馬鹿にされたりとかはありましたけど。だから、ひどい生徒になるとね、一年も二年も学校のまわりぐるぐるぐるぐるしている。おれもね、三日間入れなくて。

春原　一年、二年っていうのもあるんだ。

髙野　怖くて入れないんです。

春原　たしかに、刑務所と似たようなところはありますね。

髙野　そうしたら、サンドイッチマンやってた映画館のおっちゃんが、試しにやってみろって教えてくれたのが、ニセ夜間中学生。夜間中学のシナリオを書くから見学させてくれって。そうして、担任の見城慶和先生と出会う。学芸大を出たばっかりで、おれと二歳ぐらいしか違わない。で、仮入学しろってことになって。それで、雑談してたら、「おお、うちの生徒に、いままで生きてきた話をしゃべれよ」って言うんで、しょうがなくてしゃべった。そういう話したら驚くかなって思ったら、みんな全然驚かないいんですよ。あとからわかったんだけど、みんな似たような人生を生きてきたの。「ふーん」ってな感じ。感動もしないしね。

春原　その先生が一番驚いたんじゃないですか。

髙野　そう。先生は、群馬県のお医者さんの息子で、育ちがいいからびっくりした。生徒は全然驚かない。少年院帰りとか、そういうのばっかりだから。

春原　それから、ニセ生徒から本当の生徒になるまでは？

髙野　見城先生ってのが、新卒で来たばっかりということもあって、昼間はほとんど、おれらのクラス――おれを入れて十八人だった――の家庭や職場訪問をしてから学校に来るんです。それで、「こんばんは」っていう一日新聞っていうのかな、ガリきって、毎日毎日出すんですよ。そこに必ず文章を出さなきゃいけない。それで鍛えられました。

春原　生徒の寄せ書きなんですか？

髙野　そうそう。生徒が書いて、先生がガリきって。毎日出すんですよ。

田中　それまでは文章みたいな感じにはなってなかったんですか？

髙野　バタ屋やりながら、くずの中から小さい子どもが書いた作文を探すんです。「あさおきて、はをみがいた」みたいな。読めない漢字が入っていても、想像でだいたいわかるんですよ。それをたくさん集めて、読みましたね。

田中　じゃあ、最初はそれを真似して書くみたいな感じなんですか？

高野　最初は書くところまで全然いかない。やはり夜間中学に入ってから。その「こんばんは」に、ひらがなだけでも、一行でも二行でもいいからとにかく毎日全員が書かなきゃならない。毎日ガリきって、謄写版っていうんですか？　あれ、刷らされてね。真っ黒になって。

春原　正式に入学するんで戸籍をとったりするのに一年ぐらいかかったんですよね。

高野　そう。昼間は厚生省行って、外務省、法務省とたらいまわしにされて。必死に語り続けて、調書をとられて。最終的には家庭裁判所で認知された。どこでどうなってるのか全然わかりませんけど。ですから、いまでも戸籍謄本の父母の名は真っ白なんです。

田中　本籍はどうやって決めたんですか。

高野　まず住民票をとれっていうんで、当時居候していた家の住所で登録しました。だから、住んでるところが本籍になった。それで認知してもらった。

田中　結果的に本籍はどこになったんですか。

高野　そのときは目黒。

田中　あ、目黒なんですか。でも、通っていたのは荒川九中ですよね。

高野　そう。家賃払えないから、サンドイッチマンの先輩が目黒に住んでて、そこに置いてもらってたんです。目黒区柿の木坂二八三。

●人生観を一変させた見城先生との出会い

田中　そういう中で、夜間中学で、今度は文の形で書くようになる。それがやっぱり、人間になることの……最終段階ではないな、むしろ最初の段階なんですか。

髙野　自分の思いを文字にする作業ってのは、やっぱり一番の基礎っていうんでしょうかねぇ……。

田中　いま考えると、それが、自分の尊厳というもの、人間の尊厳になるんですか？

髙野　そうですね。最初はとにかく、なんでもいいから文字をものにしたい、読んだり書いたりしたいという、本当に部分だけに集中してたんです。そんなとき、日本に憲法があるっていうの、初めて知ったんですよ。それは大きかったですねぇ。

春原　それは、夜間中学の先生が……。

髙野　そうそう。塚原雄太がね、毎日でもないんだけど、授業が始まる前に教育基本法をやるんですよ。映画（『夜間中学生』）の中にもあるでしょう。「教育は人間の完成を目指して……」って。全然意味わかんないだけど、「言うとおりしゃべってるだけでいいんだ！」って言うんですよ。しゃべってればそのうちわかるっていうんでね。この人バカじゃないかって最初は思ったんだけど……。

春原　映画で、見城先生が家庭訪問しますよね。それに高野さんがくっついていく。

高野　あれから人生狂ったんですね。本当は大学行くつもりでね。大学の何たるかも知らないくせに。山谷でみんなが「これからは人間、大学まで行ってなきゃダメだ」って言うんですよ。大学が学校の最高だって。それで、「よし、とにかくなんでも最高を目指さなきゃいけない」と。ヤクザになるんだったら、日本一の大親分。泥棒でも、日本一の大泥棒だったら絶対つかまらないはずだって。単純なんですよ。それが、見城先生の家庭訪問にくっついていって人生狂ってしまった。

春原　それは、同級生たちの家庭や職場を見てということですか？

高野　映画でもわかるように、学校ではね、まだ十代の若い子ですから、飛んだりはねたりしてね、ものすごく元気いいんですよ。ところが、職場とか家庭に行くとね、まったく別人みたいで。親の借金のかたにタダ働きしてるとかね。三畳の部屋に七人で住んでたりする。どうやって寝てるのかっていうと、水商売のお姉ちゃんたちは昼間寝て、昼に働きに出てる子と交代で寝てるんです。

　ある同級生は、少年院から出てきて、身元保証人がいないんで、地域に保護司ってのいるでしょう。いまでもたぶんある。その人が身元引受人になって、引き取ってもらった。そいつが、狭くて薄暗い工場で、壁側に向かって「蹴飛ばし」っていう足踏み式のプレス機をガッチャン、ガッチャンって動かしている。本当に奴隷みたいにこき使われているんです、その保護司に。

　いやあ、本当にすごいところをいろいろ見てるんですよ。それから考えさせられちゃってね……。これから夜間中学を卒業するまで何年かかるかわかんない。どうせ昼間行けるわけないから、定時制高校行って、大学に行って……。十何年かかるんですよ。そんなことやって、ハラボジの恨み晴らせるのかなあって。それまでは、大学に行って、かわいいお嫁さんをもらって、温かい家庭をつくって、英語のひとつぐらい覚えてね。ざまあみやがれ、俺だってちゃんと大学行ったぞって。だけど、それがすごくちっぽけに見えちゃってね。そんなことでいいのかなあ思い始めて……。

春原　人生狂っちゃった？

髙野　そうなんです。違うほうに興味を持ち始めて。児童憲章って知ってますか。そういうすばらしい法律がいっぱいあるんですよね。なんのことはない、じゃあ、いままでなんでオレらはこんな目にあったんだ、っていう……。

田中　権利だとか、自由だとか、そういうような言葉を知ったのは、そのころですか？

髙野　言葉っていうより、現実を目の当たりにするわけですよ。同級生がなんで、昼間に学校へ行けないのか。学齢生徒が、同い年の子が、同じ教室で昼間勉強している。昔は昼間も夜も同じ教室を使ってたんですよ、校舎が足りなくて。

田中　学齢生徒が、本当の中学生が夜来ていたわけですか。

髙野　ええ。みんなほとんど、あの近くの町工場、零細企業で働いていた。冬なんか、だるまストーブ囲みながら、見城先生つかまえて――女の子なんかもみんな「見城先生」なんて言わない。

「おい、見城」って。

春原　呼び捨てですか。

高野　そう。みんなすごいところで育ってるからね。「見城、おまえがのうのうと大学なんか行ってるときに、俺らがどんな思いして生きてたか知ってるか？」、「なんで昼間行けないんだ？」とか、そんなことばっかりやってたんですよ。で、電車がなくなってね、みんなは近くだからいいんだけど、用務員のおじさんに、「おじさん、泊めて」って。まだ学校に用務員のおじさんが住んでる畳の部屋があったんですよ。

見城先生もまだ独身で、板橋のほうのちっちゃな一軒家に住んでたんですよ。そこへ、みんなで押しかけていって、朝までしゃべってる。先生の給料、みんなほとんど使わせちゃった。だから、俺ら七期生なんですけど、いまの結婚された奥さんに、ものすごく評判悪いんです。

●夜間中学廃止反対を訴え、映画をつくって全国行脚

田中　夜間中学で、文字だけの教育、読み書きの教育だけというのはおかしいんだって考え始めるのはそのころですか。

高野　そうです。「憲法に保障されてるのに、なんでだろう？」っていう疑問が、どんどん、どんどん広がって。同級生で四人ぐらい定時制高校へ行ったんですけど、自分は、なんかすんなり行けなくなっちゃったんです。そんなとき、卒業した次の年の一九六六年に、行政管理庁から夜間中学

校早期廃止勧告が出された。

とても納得できなかったんですよ。その行政管理庁のやつらっていったって、俺ら全然、顔も見えないし、夜間中学にも見学にも来ないしね。紙切れ一枚の勧告が出て、それだけ。それで、すぐ塚原先生に電話して「先生、廃止しろって言ってきてるんだけど、どうする?」って言ったら、「俺ら公務員だからね、反対運動したらクビになる」って。だから「冗談じゃねぇ。先生、池袋まで出てこい!」って言って、いまでも覚えてるんだけど、池袋の本屋の地下にあった喫茶店で話をした。先生が、「俺は公務員だからなあ……」とか言ってるから、「じゃあ先生、夜間中学なくなったら、どっか昼間の学校に行くのか?」って訊くと、「よっぽど悪いことしない限りクビにはならないから行く」って。「いままで全国で夜間中学廃止になったときに、反対運動したところあるか」って聞いたら、「ねえ」って言うんですよ。当時東京に七校しかなかったんですね。「じゃあ、反対運動するのは、最後は荒川九中だけかあ……」なんて話をしていた。

塚原先生ってのはカメラが好きなんですよ。当時、8ミリが流行ったころで、先生も8ミリなんか撮ってた。で、「映画つくろう。俺、そのフィルムかついで全国まわるから、先生、映画つくれ」。「映画つくれっていっても、なんにもねえじゃねえか」って。だから、昔よく取材にきてたTBSの人に電話して、「なんでもいいからカメラ貸して」って言ったら、ニュースを撮る、いちばん簡単なカメラを貸してくれた。で、ニッポン放送の人から「デンスケ」っていう古い録音機を借りて……。まずTBSへ行って、カメラを風呂敷で包んで、紙袋に、すーっと黙って入れて……。

今度は、ニッポン放送に行って、デンスケとテープを二つ。それも、紙袋に。ちょくちょく行って、十本ずつとかね。
春原　それ、借りるって言わないんじゃないですか。
高野　ハハハ。それでつくった。大学に行くために貯めてた金を、全部投げ出してつくったんです。卒業生たちもカンパしてくれた。先生がカメラを回し、俺がデンスケを担いでね。タイトルとかも全部生徒が書いたんですよ。
春原　ああ、『夜間中学生』っていう字ですか。
高野　そうそう。最後の詩があるでしょう。あれもそう。あれ、全部生徒が書いたのを投票して、「これにしよう」ってね。だから、ほんとに手作りなんですよ。
春原　あれ、編集してあるんですよね。
高野　そうです。職員室の横に机置いて、アマチュア用の機材いじくりながら。それで、学校の映写機一台つぶしちゃったんですよ。寝袋持っていって、毎日やってた。撮影するのは、ほとんど夜でしょう。夜、撮影したのを、朝、六本木の現像所に持っていって、で、前に現像したのを持って帰ってきて、それを職員室で編集する。なんか、めちゃくちゃなんだけど。
春原　あれ観てると、桜井先生に生徒から電話かかってきて、自転車で「おまえどこにいるんだ」みたいな……。当時の夜間中学の先生って、ただ教えるんじゃなくて、すべて引き受けて面倒みてるんですよね。

高野　授業中でも、代わってもらって飛び出していくんですよね。ああいう人いませんよ。それでまた、生徒のほうも、借金するならどの先生って、就職はどの先生って、決めてるんですよ。
　だから、なんて言うんだろう……実感としてはね、学校というよりも、野良犬のように生きてきた俺たちを人間として育ててくれた、育ての親っていう実感なんですよね。先生たちが親父・おふくろであり、同級生たちは兄弟なんですよね。だから、学校がなくなるっていうよりね、俺たちを人間として育ててくれた親父やおふくろに対する死刑宣告を受けた感じ。そっちのほうが強いですね。それが、たった紙切れ一枚でつぶされてたまるか、冗談じゃないって。
春原　髙野さんはそういう、ある意味で社会運動をはじめたのは、フィルムをもって全国をまわった、そのときなんですよね？　その上映活動が、そのまま大阪での夜間中学校設立の活動とかにつながっていくんですか？
高野　そうなんです。憲法二五条と二六条に、ちゃんと保障されてるのに、それを奪われている。俺たちから奪ったやつがどっかにいるわけですよね。やつらはなんにも裁かれないで、奪われた俺たちが、なんで紙切れ一枚で裁かれるんだって、そういう思いなんですね。
春原　その大阪での夜間中学設立運動というのはどういう経緯で……。
髙野　廃止反対で全国をまわりはじめた頃、当時二五校あった夜間中学がどんどんつぶされて十九校まで減っていったんです。だから、廃止反対運動では守りきれないんじゃないか、最後はいずれ荒川九中もなくなるんじゃないかと思いはじめた。だから、廃止反対ではなくて、当時大阪市内に夜間中学がなかったので、「ああ、そうなんだ、つくるっていうかたちで、もう一回挑戦するしかない」と思った。当時、大阪市民が三〇〇万人だと知り、三〇〇万枚ビラをまいたら必ず仲間たちが名乗りでてくれることを信じて、釜ヶ崎に泊まりこんで、はじめは一人で毎日ビラまきしながら「夜間中学」の必然を訴え続けた。一九六九年に天王寺中学に夜間部が開設されたのを手始めに、今では大阪だけで十一校あります。現在全国で三五校まで復活したんです。

●「声を持つ」ことを目指した韓国の識字活動との出会い

田中　その中で、単純に読み書きを教えたりするようなものではなかった夜間中学が、だんだん、ある意味で形骸化していく過程というのがあったわけです。そういう夜間中学のあり方に、髙野さんにとっての夜間中学の本来あるべき姿をぶつけていったときに、衝突する時期がありますよね。そこから、今度は、韓国の識字教育へのかかわりが出てくるわけですが、そこでも単純に文字だけの問題ではなくて、私たちの言い方でいえば、本当にその人たちが声を持ち、自分たちの矛盾を解消するために社会へ働きかけていくような運動を、日本と韓国の間でやるというのは、たぶんいろいろな過程があったんだと思うんです。やはり、文字を最初に教えてくれたハラボジのことがあるわけですか。

髙野　そうです。「たかのまさお」の六文字を教えてくれた、オレの神様。そんなハラボジを生んだ祖国ってどんな国なんだろうって思いは、ずーっとあったんですよ。いつの日か必ず行ってみたいなあって思いがずうっとあった。その思いに対するひとつのかたちとして、一九九八年、五八歳のときにはじめて韓国へ行ったんです。もともと、どこかのスラムに住み込んで、「オモニハッキョ」（オモニたちのための識字学校）で勉強したいって言ったんだけど、ビザが出なかった。それで、とりあえず、ソウル大学の語学堂（オハクタン）に入ったんです。でも、学校が休みのときに、あちこち歩きながらスラム街にあるような学校を探してたんですよ、ずっと。そんなとき、奉天洞（ポンチョンドン）というソウルのスラム街で、学生さんたちが無認可の保育園やっているのに出会った。それを手伝いながら、オモニハッキョで火曜日と木曜日の夜、勉強しようかなと思っていたらバブルがはじけちゃって、保育園がつぶれてしまった。

田中　向こうのそうした学校の人たちが日本に来て、大阪の夜間中学と交流をしたりしたそうですが……。

髙野　ええ、二〇〇二年の十二月に初めて。その前に、夏休みに、東大阪と守口の夜間中学の人たちといっしょに、俺たちも二冊目の出版記念会を兼ねて韓国へ行ったんです。それで、十二月に安養（アニャン）市民大学でオモニハッキョを始めていた萬稀（マンヒ）さんや生徒会長さんたち六人を招待した。そのとき、萬稀さんたちは「日本に学ぶためにきました」って言っていたんだけど、俺らから見たら、学ばせていただくどころか、お力を借りて、日本の夜間中学とか識字学級を再生するしかないという思いでしたね。

萬稀さんたちの活動の背景として、韓国ではとくに年配の女性の中にハングルの読み書きができない人が実は意外に多いということがありました。このことは、韓国の人たちの間でもあまり知られてはいないのですが……。

田中　そのことは、徐京植（ソ・キョンシク）さんも言っていました。徐さんのお母様がそうだったし、その背景として、日本による植民地支配、朝鮮戦争と続いた動乱の歴史に加えて、韓国における男尊女卑の風潮もあって、年配の女性の中には若い頃に教育の機会が奪われていた人が少なくないそうですね。

髙野　そうなんですよ。萬稀さんは、大学生のときに学生運動を通して社会変革の必要性に目覚めたようなのですが、その後いったん社会運動から身を引き、結婚して普通の母親になってから、非識字者の問題を知ってびっくりしたそうです。そこで、読み書きを身につける機会を逸していたオモニたちでも学ぶことができる学校ができないものかということで活動を始め、最初は安養市民大学の校長先生になっています。そこでは約四五〇人が勉強していましたし、彼女は、成人教育のネットワークもつくっていて、そこの会長さんもやられたんです。

安養市民大学は、教室が七つしかなくて、スタッフも七人ぐらいしかいないんで、四五〇人も毎日通うと受け入れきれない。でも、ここがすごかったのはね、オモニたちに合わせて、午前と午後と夜と、授業やったんですよ。だから、夜働いてる人は朝から、朝働いてる人は午後って。本当は夜間中学もこれやりたかったんですよ、ずうっと。生徒の状況に合わせて受け入れるという体制をつくりたかった。

田中　それに来ている人たちは、朝鮮戦争などで学校にいく機会を奪われて、やっぱりハングルが書けないわけですか。
高野　そうです。ですから、母国語を学んでる。
田中　若い人もいるんですよね。
高野　ここがすばらしかったのは、そうやってオモニたちにあわせて学ぶ場を保障していることと、もうひとつは、ここで学んだ若い人がいるんですよ、まだ三〇代の。学んだ生徒が今度は教える側にまわるんです。
田中　それは、日本の夜間中学にはないことですよね。
高野　さっきも言ったように、廃止反対で全国をまわり始めた頃二五校あった夜間中学がどんどんつぶされて十九校まで減ったあと、いったんは三五校まで復活したんですけど、先ほどおっしゃったように、中身が形骸化していく。そりゃあ、何校かがんばってるところもありますけどね。
　そんななかで、韓国から来てもらった萬稀さんたちに出会い、彼女たちが草の根活動で始めたオモニハッキョのことを知って、やっぱりもう一回この原点に帰らなきゃって思った。
　日本の夜間中学が形骸化したのは、わかりやすく言うと、「学ぶ」どまりになってしまったからですね。安養市民大学では、「文字を理解して、文化を理解して、文化を解放する」ということをモットーにしている。まさに「文解（ムネ）教育」ですよ。つまり韓国風に言うと、読み書きができないことを「恨（ハン）」としてコンプレックスをかかえていたオモニたちが、その抑圧から自分を解放し、そうして自分が解放されれば、自分が属している共同体や地域も解放されるというふうに考えているんですね。だから、環境問題をはじめ、社会に出ていってどんどんやっていくという活動をしていたんです。例えば、月一回一人暮らしのお年寄りのところにお弁当届けにいくとか、いろいろなかたちで取り組んでるんです。

春原　個人が文字を持つというところにとどまることなく、仲間として仲間全員がグループとして声を持とうとしているところがすばらしい。

髙野　日本も、識字じゃなくてこれに変えたほうがいいと思いましたね。俺たちの理想でしたけど……。

田中　まさに、本当の意味での「声を持つ」っていうことですね。「声を持つ」ことによって、むしろ社会を変えていく。

●行政の介入による文解教育の変容

髙野　ところが、俺たちから見るとそんな理想的な活動を展開しているように見えた安養市民大学に、その後行政が介入するようになると、根っこにあるべき解放へのエネルギーみたいなものが窒息させられて形骸化し、今は望ましくない方向に向いてしまっているんです。

萬稀さんたちがやっていたオモニハッキョは、全部じゃないですけど、二〇〇八年に法制化され、二〇〇九年四月から国が補助金を出して、教師の人件費も出そうという動きが出てきて、その一方で、「文解教育」が「文字解得教育」とされ、教科書は運動側スタッフが三分の二、行政側スタッフが三分の一というメンバー構成で作成するとか、いろいろなことが行政ベースで全部進められていくんじゃないかという危機感が生じた。

こういうことは韓国に限らずどこでもありがちなことなんですけど、そういうなかで、萬稀さんたちが一番心配したのは、ボランティアで、やりたい人たちが中心になってやっていたのが、そういう、いわゆる教師、先生を、行政側が……。

田中 養成する、と。

春原 日本語教育も同じだね。

髙野 日本でいえば、自主夜間中学が公立化になるのと同じなんです。採用試験は全部行政側がやる。だから、そこで試みていたような、生徒が教える側にまわるとか……。

田中 とてもできなくなっちゃうんですね。

髙野 そういうせめぎあいを経て、安養市民大学について言えば、結局は行政側の意向に沿った形に変容してしまった。

春原 それで、今はどんな状況なんですか。

髙野 萬稀さんは会長を退いて、以前事務局長をやっていた人が校長になっていますね。立教大学で特任教授をしていたときのゼミ生が連絡したら、はじめは見学を断られた。二、三回頼み込んだら見学はさせてくれたけど、オモニたちの写真は撮らないでくださいって。

俺に言わせると、これはサッカーでいえばイエローカードですよ。それでどんな教え方・学び方をしているのかが、授業を見なくてもわかるんですよ。
春原　写真を撮らないでくださいっていう、ひと言がですね。
髙野　そう。それは、萬稀さんが二十数年かけて目指したものとはまったく違う。それで、前は汚いビルの中でやってるんですよ。今は、ぴっかぴかの教室で、予算が確実に出てる。教材開発もして、今は、文解教育の検定教科書もあるんですよ。これ、市販してるのかときいたら、市販してないと。予算をもらって文解教育をやってる人は、そこにあやかってるんですよ。
春原　髙野さんが言う、写真を撮らせないというのは、すごくよくわかる。だいたい、学校、教室とかを閉鎖的にすると、写真を撮るなとか、事前に一筆、個人情報とかなんとかを書けとか、そう言ってくる。学びの場が開かれているか、閉じられているかの基準というものが、写真を撮るなっていうことひとつから……。私も現場にいたから、すごくよくわかる。
髙野　俺が初めて行ったときなんか、写真をバシバシ撮ってたら、オモニたちに引きずり込まれて、一緒にって……。そういう雰囲気だった。
春原　それで萬稀さんは、今どうしているんですか。
髙野　テジョン（大田）の近くにあるポウン（報恩）という農村地域を中心に、志を同じくする「文解教育」の若いスタッフたちに、「文解教育」の生命線・精神を伝え続けています。
春原　韓国の農村って、三組に一組は国際結婚っていうくらい、外国からの農村花嫁が多いですからね。しかも、韓国語ができないとその人たちは帰化できないんですよ。そういうところで使われている行政側がつくった教科書を見せてもらうと、本当にきれいな教科書なんですよね。
髙野　萬稀さんが二十年以上やってきた「文解教育」が「文字解得教育」って変えられているんですよ。これが萬稀さんが身を引いた最大の原因だと思っているんだけど。
春原　それは、「文字解得」ってしたら、後退じゃないですか。
髙野　後退というよりも心臓をとられた。「文字を理解して、文化を理解して、文化を解放する」という「文解教育」の三原則からしたら、読み書きできればいいという「文字解得」は、目指すところがまったく正反対になってますよ。さらに今年になって、「全国文解成人基礎教育協議会」という組織名から、「成人基礎」がカットされている。この「成人基礎」は、「夜間中学」が目指す「すべての人に完全な義務教育を」と同じ理念で、最重要な生命線なのです。
　俺たちは、人間にとってなぜ文字とコトバが必要なのか、文字とコトバが生きることにどういう武器となるのか、という原点にこだわり続けているのだけど、それが夜間中学という枠組みに捉えられ、組織化され、ましてや公権力が介入したりすると、えてして限られた範囲の問題になって、その原点が形骸化していく。
　その壁を破るために、萬稀さんたちは新たな行動計画に取り組んでいるんです。最近ポウンを訪れ、一か月ほど滞在してその十五カ年計画の話を聞きました。多忙な中、通訳も介さずに萬稀さんから直接話を聞いたんですけど、コトバのはしばしにあふれるような熱意と視野の広い透徹した歴史認識が感じられましたね。この十五カ年計画は、法制化が行われた二〇〇八年にすでにスタートしていて、その中身は、二〇〇八年から二〇一二年まではポウンを中心に志を同じくする若いスタッフたちに「文解教育」の生命線三原則を伝え続け、次に二〇一三年から二〇一七年の五年間にカンボジアで十カ所の「オモニ教室」を開設し、その後二〇一八年からの五年間は再び韓国に戻って、島々に「オモニ教室」を開設するというものでした。カンボジアでオモニ教室開設を予定している地域は、首都プノンペンから車で二時間ほどのカンポンスプというところで、そこを中心に五年間に十カ所のオモニ教室を開こうというのです。そのために、計画の一年目の二〇一三年には、萬稀さんは首都にあるプノンペン大学に留学してクメール語を学びながら、並行してオモニ教室の開設に取り組むそうです。すでに、二〇〇九年と翌年カンボジアに行き、二〇一二年早々にも行くということでした。現地には電気も水道もなく、四〇度を超す猛暑と粗食に耐えて目的を果たすのは、気力・体力とも今しかないという萬稀さんの判断は、まさに二一世紀の必然に応える歴史認識に根ざしていて、さすがだと感動しました。韓国に戻ってからの二〇一八年からの計画も、萬稀さんの頭の中にはすでに構想はあるようなんですけど、具体的な話は聞けませんでした。

歴史のペースメーカーとして駆け続けている。萬稀さんたちが、本当に目指している「文解・成人基礎教育法」の実現が、そのまま国連識字十年の理念でもあるのですから。それに比べて、日本側の志があまりにも貧しく、口惜しかった。

●「自分の文字とコトバを持っているか」という問いかけ

田中　日本の場合は、一時、夜間中学の廃止が、建前上そんなものあってはならないというようなかたちで行なわれたわけですよね。それに対して、夜間中学が今度は増えてくるんだけども、やっぱりそれは学校のシステムの中に取り込まれていってしまったということでしょうかね。

髙野　そうですね……。やっぱり、教師に哲学が要求される時代だと思いますよ。俺らの時代は、もう貧困っていう大きな原点がありましたからね。今みたいに、生徒も多様化して、価値観も多様化していくなかで、より教師の哲学が求められる時代なのに、その哲学がないってことですね。

田中　それは、髙野さんがおっしゃった、髙野さんご自身が持っていたような「必然性」がなくなってきているんですかね。

髙野　例えばですね、東京でもそうですけど、関西でも近夜中（近畿夜間中学連合）の生徒会で作品展をやる。そうすると、「文字を学んで世界が見える」っていうの、よく書くんですね。そうやって、生徒側は、必然を持ってるのに、教師がそれにちゃんと対応しきれてない。ただ読み書きを教えるだけ。

春原　教育が形骸化していくっていうことについて、髙野さんは本の中でも、識字学級でハルモニたちが若い先生から文字を習っているけど、ほとんどニワトリ小屋でえさをもらっているような風景であったということ書かれてますよね。なんか、言葉が単に記号として教え込まれ、学びで止まってしまっている。思想や哲学っていうのを抜きに、技術だけで教育がいくと、みんなそうなっちゃいますよね。

高野　そうですね。例外なく、なると思いますね。それはただ単に、夜間中学生とかオモニハッキョの生徒だけではなくて、ふつうに――「ふつう」って言うと変ですけど――小学校・中学校・高校・大学と行っても、おしゃべりはできるんだけど、本当に自分の文字とコトバを持ってるかってなると、すごい疑問ですよね。

田中　それは完全にそうですね。

高野　だけど、社会的にはあの人たちは、読み書きができるってことにはなってます。そう考えたら、夜間中学とか識字学級がなんか、特別のように見られるんだけど、そうではないんですよ。だから、ふつうに小学校・中学校・高校・大学と行かれたみなさんも、「本当に自分の文字とコトバを持っていますか？」という、問いかけでもあるんですよ、俺たちがやっていることは。

田中　それはたしかに、大学生に、レポートなんか書かせるとね、一応まともなこと書くんですよ。でも、とても自分の声で書いてはいない。極端に言えば、みんな受験勉強で、なんとか予備校でね、小論文っていうのはこういうふうに書くんですよっていう教育を受けている。先生がどう考えているかをまず考えて、それに合うように書けばいいんだっていうような教育の体制なんですよね。だから、いくらレポートを書かせて読んでも、ちっともおもしろくない。卒業論文にしても、修士論文なんかもそうだな。

本当に自分の声であれば、それは文章が多少おかしくなっても全然かまわない。文字の間違いとか、漢字の間違いなんかいくらあってもかまわないんだけど、自分の声でしゃべったか、書いたかっていうと、実はそうではない。教育はそれでいいんだっていうかたちに、今もう、なってますよね。そういう中で、例えば、国の役に立つような人でありさえすればかまわないんだっていうような、全体の流れがある。

だから、夜間中学とかオモニハッキョのようなところが持っている、本当に自分の声を持つんだという教育のあり方って、どんどん少なくなっている。日本語教育は、最初からそんなこと考えてないよね。

春原　志が低い？

田中　例えば、タイとかフィリピンからきた女性が、日本の社会の中で日本人と結婚して、子どもを産んで、もう十年、二十年になる人たちが出てくる。そういう人たちは、言葉はどんどんしゃべれるようになっているけれども、文字はほとんど知らないんですね。で、そういう人たちに、文字を教えるっていう日本語教室が全国にたくさんあるわけです。でも、その人たちが本当に自分の生き方を、自分でもっといいものにするんだっていうような力を与える教育は、日本語教室ではあまり行われていない。そこは、やっぱり共通している問題だと思うんです。

●行政による夜間中学つぶしの動き

春原　内部にいろいろと問題がはらまれている一方で、二〇〇八年に当時の大阪府の橋下知事が財政再建の一環として、夜間中学に対する就学援助と補食給食の府援助を、初年度十％削減、二〇〇九年度からはゼロにするという方針を打ち出しましたね。

髙野　大阪の夜間中学には在日のオモニ、ハルモニも多いんですよ。彼女らは本名を奪われ、税金ばっかり取られ、参政権も奪われ、やっと夜間中学で学ぶ権利を取り返した。なのに、そこから切り捨てる。橋下についてる府会議員も、日本人が侵略した歴史をそっちのけにして、切り捨てるわけですよ。それは、奈良まで飛び火してる。御所市の教育長が、「夜間中学は必要ない」って。補食給食費で用意されたパンと牛乳については、子どもだってそんなものお金払って食べてる。ただでパンと牛乳食べるなんてけしからん、とか言って。公教育の中学ならば歩いて通学できる。でも奈良なんて、夜間中学が奈良市と天理市と橿原市の三校しかないから、御所市に住んでて橿原市の夜間中学に通っているオモニたちには、通学費とかパンと牛乳の補助金が出てて、半分は府が負担し、半分は居住地が負担していた。それなのに、大阪府がカットしたから、自分たちも出せない、と。まったく次元が違う話じゃないですか。

春原　削減に対して、奪い返すということで、反対運動が盛り上がっている印象を受けるんだけど、髙野さん、実際現地に行って最新状況を見てきてどうでしたか。

髙野　一部の教師と生徒たちは、自らの想いを、怒りを、府・市に厳しく問い続けたり、街頭署名をしたりして、一生懸命やっている。また、卒業生たちのバックアップも始まっている。とくに大阪は十一校あるから、力をあわせて団結すれば、もっといろんなことができると思うんだけど……。ただ、行政側が効率を振りかざし、俺の言い方でいうと「タネの思想」で向かってくるのに対して、反対する方も本質的に同じ土俵に乗ってしまっているから、ウチ、ソト、ウチで限界がある。

春原　ウチ、ソト、ウチというのは、つまり社会から来て、自分に来たのが、もういちど社会に還元されないということですね。

髙野　そう。ソトのオモニ、ハルモニたちに一点集中して、戦後補償もふくめて、人権を守るということにならない。

二十世紀の総括が、個人も組織もまったくできていない。「タネの思想」の末路だと思っている。東日本大震災が象徴しているように、二十世紀の延長で原発の〝安全神話〟に加担して来た。少数の反原発者はまったく相手にされず、それは、かつて神国日本の〝不敗神話〟を総括しなかった歴史の復讐ですよ。二つの〝神話〟を作ったヤツラとそれに加担した〝人たち〟は、誰もどこも、裁かれない、責任をとらない、過去も、現在も、これからも……。だから、戦争孤児だって、タカノマサオ一人ではないんですよね。博多の闇市にもいっぱいいたし。だから、一人だけつりあげて美談にしていく、そのものが、「タネの思想」の象徴だと思うんですね。だからその原点から、もう一回、総括しないといけない。

やっぱり、戦前・戦中・戦後、日本人というか日本の歴史の中で本質はまったく問われていないんですよ。これは、本当に根深い。世界中がそういう巨大な法則で動かされている、と叫び続けているんだけど。

●生理という原点から、心理、道理へ

春原　髙野さんがよくおっしゃる、美談が量産されているという、まさにそうだと思う。髙野さんがそこを問題にする原点は何なのでしょうか。

髙野　やっぱり、俺たちにとって、敗戦後の闇市からいえば、食えるか食えないかが基準で、腐ってるか、匂いは変だけど、大丈夫かな、とか。それが、だんだん修羅場の中で、敵か味方か。これは、動物的に……。いま七一歳になって、初対面でぱっと敵か味方か見分けられるし、後になってもそれがほとんど狂ってない。これが何なのか、なかなか説明しきれない。

春原　臭いですか、気配みたいな？

髙野　そういうことが、生理なんですよ、ひと言で言えば。例えば、セールスマンが、犬が嫌いなのに、なんとかかんとかって言っても、犬は絶対わかる。それと同じ。犬の方は、こいつは、おせじで言ってる、とわかる。

春原　こいつはこわがってるとか。

髙野　そういう生理が原点なんですよ。食えるか食えないか、敵か味方か、武器になるかならないか……。そうやって文字とコトバを奪い返してきてるんですよね。文字を知るとか学ぶというよりも、奪い返してきたというのがぴったりくる。生理から心理になって、道理となる。一応、理屈を

つけないと、ほかの人に通じないから。

生理と心理と道理という三つが、カメラのピントを合わせるみたいに、ぴちっと一致することがあるんですよ。一致してからしか断言しない、口に出さないんですよ。それが自分にとっての必然なわけです。そこは、口ではうまく説明できないんだけれど。

春原　生理と心理と道理の出発点は、やっぱり生理なんですか。

今の学生のことを考えると、小学校から学校に行って、文字と言葉を学んでいくと、切り口は道理ですよね。道理から入って、心理と生理の部分は押さえつけられる。それで、抑圧された心理と生理の部分が、時々、病んで出てきちゃう。しかし、入り方を道理から生理に変えるのって、おそらく学校教育を十年も二十年も受けてくると、身体がそうなっちゃうから、変えるのってすごく難しい気がする。心理と生理の部分を奪い返していけるかどうか。

髙野　そう、そこが俺が立教大学でゼミをしたときの生命線だったんです。そのためには最低、一年を通して同じメンバーに参加してもらわなくちゃと思っていたら、週二回のゼミに顔を出すメンバーが曜日によって違うし、前期と後期でも違う。一年通してきたのは二人だけ。あれは想定外だった。

それでゼミの最後に、「誤解なく感想を言わせてもらえれば、自動車教習所だって思った」と言いました。自動車教習所じゃ、奪い返せないですよ。学ぶどまりだったらできるかもしれないけれど。奪い返すのは、次元が違う。さきほど話した韓国の文字解得教育っていうのが、まさに学ぶどまりだし、ほとんどの夜間中学、識字教室がそうなっちゃった。日本語学級もね。

釜ヶ崎にスタディーツアーということでゼミ生を連れて行っても、そういう場でも学ぼうという姿勢ばかりで奪い返すっていう発想がないんですよ。だから、例えば、沖縄にしろ、広島の原爆記念館にしろ、あれだけ修学旅行でいっぱい行ってるじゃないですか。語り部の話も聞いている。それが、お父さん、お母さんになって作ったのが、今の世の中。そういう学び方では、あなた方の歴史は切り拓けないという結論が、二十世紀に出ているわけです。それをなんで、延々と繰り返すのか、俺たちには理解できない。ゼミの最後にもうひとつ言ったのは、「五年後、十年後に、皆さんに会ってみたいですね」ということ。共に学んだ人が五年後、十年後、どう生きているかということでしか、伝わったのか、伝わっていないのか、証明できないと思うんですね。

自分が何をしたいかでなく、自分に何が要請されているのか、二一世紀の必然は何か？ その必然に応えない者は個人も組織も淘汰される。萬稀さんも、タカノマサオも例外ではない。だから、焦っている。悪あがきをしつつも、怒らざるを得ない。萬稀さんは、そんなことを髙野は言うけれど、オモニ・ハルモニたちは、文解教育に来て癒されるんだとも言うんですよ。だけど、俺は癒されたいなんて思ってないし、人から癒されたくもないって。「夜間中学」でオモニ、ハルモニたちが、今まで出会わなかった優しい日本人、優しい先生に出会って、癒されたらダメなんですよ。怒りを奪われることと同じなんです。ああ、これで安心して死ねるとか、これで自分の名前も住所も書けるようになった、と。これは、餓えた犬にパンを与えるのといっしょ。

春原　でも、餓えた犬は、パンが欲しいじゃないですか。

髙野　だから、動物のままでオモニたちは死ねるのかっていうの。死ねる人はどうぞ。でも、俺たちは死ねない。それは、ハラボジやゴンチや赤ん坊とかね、生き残った人間として、怒りばっかりだと言われようが、それは言わなければ、タカノマサオの存在そのものがない。

春原　髙野さんは、怒りを持ちつつ、怒りの中に希望があるんだっておっしゃいますよね。そのときの希望って、いったい何なんですか。

髙野　目の前のパンに満足することなく、人間の尊厳を主張することですよ。東大阪市長栄夜間中学のオモニが、一行目に「祖国を忘れていた私」、二行目に「祖国を考えている今の私」と書いている。夜間中学に来てなかったら、祖国のことも知らずに死んでいた。だけど、そこまでだったら、学ぶ止まりなんですよ。三行目で、どういう文字とコトバを奪い返すのか、人間としての尊厳を奪い返さなければ。夜間中学は、学ぶ場を奪い返したに過ぎない。まあ、その場さえ、橋下知事とそれに迎合する府会議員たちは奪っているわけですが。それを、かつての侵略戦争と同じ構図であると考えている人が、大阪に何人いるだろうか。夜間中学の教師も含めて。大問題なんですよ。そういうふうに問い掛けているつもりなんだけど、何か髙野雅夫だけが怒っていると思われている。

●奪われたコトバを奪い返すための闘い

田中　最後にひとつだけ、ちょっと変なことをうかがいますが、髙野さんは、自分自身の、恨みを晴らすっていう闘いの中で文字を身につけ、本をお書きになって、これまで話してくださったような様々な活動をなさっている。ただ、髙野さんと同じような境遇の中で、実際に夜間中学に通い、声を持つということをやろうとしたけれどもできなかったという人もいると思うんです。で、髙野さんが、そういう人たち――最初に文字を教えてくれたハラボジだとかゴンチだとかの代弁をするっていうのは、ある意味でおかしなことですよね。そのことはどんなふうにお考えになってますか。ご自分は文字をお持ちになった。でも、そうではない人たちの代弁なんか本当はできるわけないのではないかという……。

髙野　そうですね。

田中　それでもやはり自分はそれを書かなければならない、そういう立場に今はいらっしゃるわけですよね。そのあたりで、矛盾といいますか、ある苦しさみたいなものがおありなんじゃないかなと思うんですが……。

髙野　それはね、こういうふうに考えてるんですよ。大阪は、一九九〇年の国際識字年もそうですけど、取り組みとしてはけっこう大きなことをやってるんです。で、久しぶりに大阪の識字の集会に二ヶ所ぐらい出たんですけど、一言で言うとですね、「楽しく日本語を学びましょう」っていうのが主流なんです。それで、あるところから出たビラには、文字を奪われたというよりもワープロとかなんとか――社会的機能って言ったっけな――、そこに応えていくのが識字運動の使命だって書いてあった。そのとき言ったんだけど、少なくともね、「奪われた文字とコトバを奪い返す歴史を原点に」ぐらい書いてほしいって言ったんです。やっぱりもう一回、その原点を改めて主張しなきゃいけない時代にきてる。それが俺たちに残された最後の復讐だと念じてる。

田中　それは、もう自分の中から語るしかない、と。

髙野　そうです。直接言われたことはありませんよ。でも、陰では「もう髙野雅夫の時代は終わったんだ」とか、「あれは古い」とか、実際に言ってる人いっぱいいるんですよ。俺たちは「じゃあ、新しいもの出せ」、「直接、文句言いにこい」って言うんだけど、直接は言いにこない。

たしかにね、そういう要求は強いんですよ、夜間中学の中で。例えば、五・六年前大阪で問題になったのは、八尾の夜間中学なんですけど、その近くにいっぱい府営住宅がある。昔、九州とかのつぶれた炭鉱の人たちがたくさん来て、働くために、府営住宅をバーっと建てたんですよ。その府営住宅に、今、中国人、フィリピン人、ベトナム難民とかが集中して住んでいて、そこの昼間の教室を使って、ワープロとかインターネットの授業をやる。それが一番出席がいい。でも、前は、あそこ、ほとんど在日のオモニたちが勉強してた。今、オモニたちは、なんか一番隅っこの教室のほうで、細々とやってる。やっぱりこう、夜間中学の原点がねえ……。誰にでもね、学ぶ場を保障することは悪いことだとは決して思わないんだけど……。

田中　でも、なんか、社会に役に立つおとなしい学生を作る場になってしまっている。

髙野　大阪でさえそうですから、もう関東は、推して知るべしですよ。だって、日教組の本部に行っても、まだ国連識字十年のポスターすら出来てなくて、まったく取り組む姿勢がないんですよ。来年、国連識字十年の最終年なのに……。

春原　だからやっぱり、髙野さんが三宅島に作った生闘学舎のように、生きることと学ぶことと闘うことが三つセットじゃないと、結局、教育って摩滅しちゃうんですよね、たぶん。髙野さんにとって闘うっていうことが教育、哲学を持った教育でありつづけるっていうことなんですよね。

髙野　だから、さっきの話の続きになるけれど、かたちとしては小学校・中学校・高校・大学って行ってるんだけど、本当に自分の文字とコトバを持っていなかったら、もう一回奪い返すことが必然なんです。そこに唯一、俺たちとの接点がある。そうじゃなかったら、俺たちが立教大学にいっても、まったくなんの意味もない。冗談じゃないですよ、大学院まで来てるやつに、死に物狂いで奪い返した、俺たちの文字とコトバ……。

田中　でもね、現実にそうなんですよね。大学、大学院まできた人たちが言葉のことについて学び直さないと、どうにもならない。本当の「声」ではないところで、うまく読んだり書いたりができる人間は、結局は体制の中で、現状維持の中で、便利な人間として消費されちゃうんですよね。今の大学なんてほとんどそういう人しか作ってない。で、そういう中で、みんなに学び直しをしろっていうと、大学の教師としては非常に異端になってね。

髙野　例えば、大阪で夜間中学作るのに、市の教育委員会と府の教育委員会、両方行かなきゃならない。教員の人件費は、国と都道府県が半々で負担しますから。だから、両方の教育委員会を説得しなきゃいけない。で、そのとき、自分が夜間中学で奪い返した文字とコトバがどこまで、教育委員会、専門家がいるところで、通じるのかってのは、やっぱり闘いなんです。普通の発想だと、教育基本法とかを全部勉強してから行く。理論武装してね。でも、もうそんなんじゃ手遅れだから、知らないのを最大の武器にするんですよ。で、教育小六法にとりあえず赤線引っぱっていって、「夜間中学しか出てないしね、勉強してなかったからここがわからないんだけど、『教育委員会』って看板かかってんですけど、専門家の人は、ここなんて言うんですか?」とかね。そしたら「わからない」って言うから、「じゃあ、また明日来ますからだれかわかる人に聞いといてください」って。そうやってどんどんどんどん、行くんですよ。だから、オモニたちにいつも言うんだけど、「知らないことは恥ずかしいことでもなんでもないんだ。知らないことは最大の武器なんだ」って。

だから、よく田中先生が「教えるんじゃない」っておっしゃるでしょう? 俺たちあれ大賛成なんですよ。今の夜間中学の教師は、やさしくて教えすぎなんです。どんどんどんどん詰め込む。また、それを勉強だっていうふうに、生徒のほうも思い込んでしまっている。でも、「関係」なんですよ、大切なのは。「今週一週間は何も教えません」って宣言してみろって、しょっちゅう言ってるんだけど、「そんなこと言ったら、生徒が来なくなる」とか言うんだ。夜間中学生の本当の力を信じてないんです、教師が。

春原　それこそ、自分で食うものを獲得していく力がなくなっちゃうだろうね。

高野　例えば、オモニたちの息子とか娘はね、「うちのオモニは無学ですから」ってよく言うんですよ。あれはまったく違う、嘘だと思います。無学だったらね、もうとっくに死んでるんですよ。生きる力持ってる。だから、「無学歴」って言うべきなんです。「うちのオモニは無学です」って必ず言いますよ、在日の人たちは。「読み書きできません」って。そうじゃなくて、「無学歴」が正確なんです。ほんとに、無学だったらね、とっくに飢え死にしてますよ。あれだけ、ちゃんと子どもを育ててね、ちゃんとやっぱり生きてきてるオモニたちが無学であるわけがない。

春原　高学歴で無学ってのはいっぱいいる。

越境者にとっての母語と読み書き

徐 京植
［聞き手］田中 望

徐京植（ソ・キョンシク）は作家・文学者で、二〇一二年現在東京経済大学現代法学部教授。

一九五一年、在日朝鮮人を両親とする家庭に四男一女の四男として京都市で生まれた。一九七一年、早稲田大学に在学していたときに、ソウル大学に留学していた二人の兄、徐勝（ソ・スン）と徐俊植（ソ・ジュンシク）が国家保安法違反容疑で陸軍保安指令部に逮捕された（学園浸透スパイ事件）。その逮捕の不当性を訴えて母の呉己順（オ・ギスン）や支援者とともに日本で救援活動を展開。その活動は日本のメディアでも報じられ、支援の輪が広がった。一九八八年に徐俊植が、ついで一九九〇年に徐勝が釈放されたが、彼らが勾留されていた一九八〇年に母は死去した。

在日という生い立ちと兄たちの救援活動が原点となり、人権やマイノリティーと政治・社会にかかわる問題に否応なく直面し、また救援活動の中であらわになった母の識字の問題を通して、言葉とその社会的背景についても思索を深めた。このインタビューでは、母の識字の問題を糸口に、一人一人の人格を尊重しその内奥の声を本人自らが言語化できるような環境をいかにして整えることができるのかということをめぐって、教育や女性の地位にかかわる問題や、在日という視点から見たマイノリティーにまつわる問題が論じられた。

著書に、『子どもの涙――ある在日朝鮮人の読書遍歴』（柏書房、一九九五〔日本エッセイスト・クラブ賞受賞〕）、『分断を生きる――「在日」を超えて』（影書房、一九九七）、『ディアスポラ紀行――追放された者のまなざし』（岩波新書、二〇〇六）、『植民地主義の暴力――「ことばの檻」から』（高文研、二〇一〇）など、また訳書に、徐勝・徐俊植『徐兄弟獄中からの手紙――徐勝、徐俊植の十年』（岩波新書、一九八一）などがある。

●言葉を操る力の本質をどこに求めるか

田中　まず、お母様の呉己順（オ・ギスン）さんのお話を伺いたいと思うのですが……。

その前に、私自身のことを言いますと、一九九〇年代の中頃まで私は、学習者が必要とする日本語を効率よく身につけさせるにはどうすればよいかということを目指した、ゴリゴリの日本語教育をやっていたんです。ところがそうした日本語教育のあり方に疑問を持つようになりました。そのきっかけとなった本が何冊かあるんですけれど、そのうちの一冊が、徐さんがお書きになった『朝を見ることなく』という本でした。そのなかにある「追悼のことば」という文章にとりわけ触発されたのです。それで、今日、徐さんからお話を伺うにあたって、その「追悼のことば」の一節を読ませていただきたいんですけれど……。

「手元に一冊の本がある。最初の頁には『呉己順』の三文字が、次の頁にはわが家の住所が、頁一杯にぎっしりと繰り返し繰り返し書かれている。力感に富む肉太な文字。きかん気の小学生のような文字。ある頁にはひらがな五〇音。ある頁には、鯛、鱈、鰯、鯖……〈魚偏〉の付くいろいろな漢字。またある頁には『さくら貝の歌』や『椰子の実』など、好きだった歌の歌詞。とりとめもなくぎっしりと埋まっている。兄たちが投獄されてから、母は一人で文字の手習いを始めた。五十歳になっていた。その齢まで母が文字を知らなかったのには、充分な背景と理由がある。それ以上に、その齢になって、手習いに精を出したのにはいっそう切実な理由があった。兄たちに一目会うために韓国を往来する際、空港を通関する時、ホテルに投宿する時、監獄で面会を求める時、差し入れをする時、どうしても名前と住所だけは書かないわけには行かなかったからだ。囚われの息子たちのための母のたたかいには、たとえばこういう事が含まれていた。母のたたかいは、こういう気の遠くなるような所から出発していたのだ。」

それで、そのあと、呉己順さんは文字を身につけていくわけですが、最終的に本当に自分の気持ちを自分で「書く」というところまではいかなかったと思うんです。そういう「書く能力」を、われわれはごく自然に学校の教育というなかで身につけてくるわけですよね。でも、ここで徐さんはごくさらりと「その齢まで母が文字を知らなかったのには、充分な背景と理由がある」とだけ書いていらっしゃいます。

この文章に接して私は、はじめて、自分がやってきた日本語教育というものが、実は、こういう方たちに、本当に自分を表現する、自分の「声を持つ」というかたちでの能力を与えるための教育では全然なかったということに思い至ったんですね。日本語教育という世界のなかでは、「その齢まで母が文字を知らなかったのには、充分な背景と理由がある」というその背景と理由にまで踏み込むことはせず、むしろ、それを見えないようにしてやってきたという経緯があるわけです。それ以降私は、いろいろなところで、日本語教育というものが、本当に声を必要としている人たちのためのものになっていないことの問題点を訴え、その意味を考えてきました。

それから、もうひとつ今日とりあげたいのは、お兄さんの徐俊植さんの『全獄中書簡』という、一九九二年に柏書房から出た本で、これも、ちょっと読ませていただきますね。

「私が幼かったころオモニは、ひととき家の近くのカトリック教会に夜学に出られたことがあった。しかし五人の息子、娘を育てて、家でしのいでいる家内工業まで引っ張っていかねばならなかったオモニにとって、その夜学はあまりにも手に余るものだったようだ。何日か出られては中断し、また何日か出られては中断し……。そして結局は、〈あ、い、う、え、お〉の範囲から一歩も抜け出れなかったのだ。夜学を終えて帰ってこられて復習なさるオモニ。その太い手に鉛筆を握られる格好がどんなにぎこちなかったか。」

私も、日本語教育を始めてしばらくたった頃、いわゆる中国からの帰国者の教育に関わったことがあります。埼玉県の所沢に中国帰国者の定住促進センターというのが設置され、私はそこでの一番最初のカリキュラムみたいなものを作って、日本語教育を始めたんですね。そのときの学習者たちの多くが、中国東北部の、ほんとに農村から来たおばあさんたちで、例えば机の前にうまく座れない、あるいは鉛筆がうまく持てないんですよね。普通われわれが鉛筆を持って字を書く姿に不自然さは感じないと思うんです。けれども、その中国からの帰国者のおばあさんたちが鉛筆を持つ姿が本当にぎこちなかったいうことを、この本を読ませていただいて思い出したんですね。

ところが、そのとき私がその姿を見て何をしたかというとですね、そういうおばあさんたちに学習適性が低いという評価をつけたんです。その頃私が関心を持っていた、教育というものを効率的にやる方法の前提として、まず学習者本人のことを知らなければならない、そのうちのひとつが学習適性というものだと考えた。つまり、非常に評価的な考え方で私はそのおばあさんたちに接してしまったんです。私がそのときに実際にしたことは、そういう学習者の人たちの表を作り、そこに学習適性の欄を設けて、一番低いところに印をつけたわけです。

それを今思い起こすと、すごくつらい思いがするんです。私は、学校で教育を受けて、大学院にまで行って、日本語教育に関する研究者みたいなものになって、それで、そういうコースをデザインする立場になったときに、そのおばあさんたちが、本当にぎこちない鉛筆の持ち方をしている、そのことを、いま言ったようなある種の別の目でみたわけですよね。それで、この人は学習適性が低いというようなかたちで片づけてしまった。そういう見方を自分はしてきたんだということを、いま考えると、やはり忸怩たる思いがするんです。

それからもしばらくはそういう研究めいたことを続けてはいたんですが、そのうちに、むしろ、中国帰国者がいったいなぜそういうぎこちなく鉛筆を握らざるを得ない状況にいるのか、ということが気になりだしてきてですね、先のような評価的な目で見たくないと思うようになってきたのです。そのようなことを、この徐俊植さんの文章は思い出させてくれたわけです。私にとっては、ものすごく大きな反省、自分のやってきたことに対していたたまれなくなるような気持ちをかき立てられるような感じで、実はそれを読ませていただいたんですね。

例えば、教育というものには、ものすごく強い、ある意味では素晴らしい、エンパワーの力があると思います。けれども、実はそのエンパワーした人間は、そういう鉛筆をぎこちなくしか持てない人たちを「ある決まった見方」で見てしまうということがあって、教育が持っているものすごく素晴らしいエンパワーの力を私もある意味では認めはするんだけれども、その一方で、教育というものは人をあるかたちで簡単に差別してしまうということもあるんですよね。

それで、先の書簡の続きですが、ソウルの拘置所にいたとき、徐俊植さんがオモニに読みたい本の名前を言って、それを書いてもらおうとする。でも、オモニはゆっくりとしか書けない。結局、そのときには、文字を全部書き終わらないうちに面会時間が終わってしまった。そのあと、徐俊植さんがこう書いておられるんですね。「私は、死にたい気持ちで監房のセメント壁に何度も頭をぶつけた。どんなに遣り切れなかっただろうか。お学びになれなかったことがどんなに遣り切れなかっただろうか。」徐俊植さんは大学院にまで行かれて、教育のエンパワーによって文字を書いたり読んだりということはもちろんできるわけですが、しかしお母さんは、自分が言った本の題名を書き留めるのにゆっくりゆっくりとしかできない。そのことを、そうさせてしまった自分を、壁に頭をぶつけながら、その遣り切れない気持ちにこだわっていらっしゃる。

実は、私はこの十年ぐらい、日本語教育というものを、こういう気持ちのところからもう一度立ち上げなければいけないということをずっと言ってきていまして、何とかしてそれを実践に結びつけようとしているんですけれど、なかなかうまくいきません。それで、そんなようなところをですね、今回、徐京植さんにお母様のお話を交えながら、お聞きしたいと思ったのです。

徐　いまの先生のお話で、だいたいご関心のありようというのがわかりました。ただ、私にとっては母について語るということ、また母が文字を読めなかったということについて語るということは、幼い頃から今まで、やはり自分にとってひとつの「難題」であり続けているわけです。それで、その難題を語るということには、たえず両面性というものがありまして、うまくお話できるかどうかわかりません。けれども、遠慮なくいろいろと聞いていただければと思います。

それから、引いていただいた『朝を見ることなく』と、いまご紹介くださった兄の手紙は、どちらも韓国の軍事政権の時代に、私の兄たちが政治犯として韓国で投獄されているという状況のなかでつくられたものなんです。それで、そこでは、いま田中先生がおっしゃった、ある種の自分のなかの葛藤――つまり、自分たちが母たちの世代を踏み台にしてある種の知識とか言語とかいう権力を手に入れている人間であるということに由来する葛藤ですね。兄たちを救出するためにその知識や言語を駆使したとはいえ、本の中でその葛藤をほんとうに赤裸々に書いたかどうかというのは、いまから見るとやはり反省してみなければならない点もあるかもしれません。

でも、今日はできるかぎりお答えするつもりですから、どうぞよろしくお願いします。

●オモニにとっての文字

田中　それでは、徐京植さんのお母さまがお書きになった一冊のノートのことを伺いたいのですが、これは今でもお手元にお持ちなんですか。

徐　はい、うちの倉庫にそういう関係のものを箱に入れて置いてあります。

田中　それをご覧になったのは、いつ頃のことなんですか。

徐　母は一九八〇年に亡くなりましたけれども、その数年前ですね。七〇年代の中頃から母はこういうことをやっておりまして、ですから後から発見したというのではなくて、私はよく母が枕もとで鉛筆をなめながらそういうのを書いている傍らで時を過ごしたんですね。

田中　それで、そういうお母さまの姿をご覧になって、徐京植さんご自身はどんなことをお感じになられましたか。

徐　もう少し前のほうからお話ししますけれども、母が文字の読み書きができないということには、小学校のときから気づいていました。けれども、その読み書きができないんだということを本人の口から直接聞いたのは、そのもっと後のことですね。つまり、母は息子である私にもはっきりとはわからないように頑張っていたんですよね、ごまかそうとしていたわけです。

例えば、中学校受験の調査書みたいなものに、両親の学歴という欄があったりしますね。そういうときに、父親は高等小学校中退とか書くのですが、母はその欄が埋められなかった……。とにかく、そういうたぐいのものは、よその家庭では母親が記入するとかしていたと思うんですが、うちでは、母の話を聞きながら必ず子どもたち自身が記入したんですね。そのとき母は、記入できないのは老眼のために目がよく見えないからと言っていたんですね。お前たちを産んで、栄養をお前たちに取られたので、歯は早く抜けたし、目はよく見えなくなった、だからお前たちが書けと言っていたんですね。

それで、話を聞きながら記入しようとしても、例えば、まず生年月日からしてあやふやなんですね。それで、学歴の欄のところまでくると、「小学校としとき」とか本人は言うんです。「しとき」というのはどういうことなのかな、なんか怪しいな……。そういう疑いめいたものはありました。

それから、小学校時代には親に対するいろいろな通知がきますよね。例えば、家庭科の時間で、次回は雑巾縫いをしますからボロ布を持たせて下さいとかね。そういうのを母は読めないんですね。でも、それを母に持っていかなければならないわけで……。すると母は「読めない」とは言わないで、「そこへ置いとき」とか言うわけですね。それで、こっちとしては読んだと思っていても、実際には読んでいないわけです。ですから、私はいつも忘れ物の多い生徒として先生に叱られたりしていました。それから、給食費とか修学旅行の積立金とか、そういうのは期限を守れない生徒でしたね。つまり、母が、そういうことをちゃんとできないわけですね、字が読めないから。

それで、小学校の先生に、どうしてお前はいつもそんなに忘れ物が多いんだと言われるわけです。おそらく、母が字が読めないためなんだということを、もう小学校のときに感づいていたんです。けれども、それを確かめるということが、やはり、ちょっと怖くて。それで、先生には何にも言えないで、うつむいて泣きそうになっちゃうとかいうような経験が、小学校のときからありました。そこのところを割り切り、現実を直視して「学歴なし」というふうに書けるようになったのは中学校に入ってからでしたね。

田中　そういうふうに「学歴なし」と書くということは、お母様に直接申し上げた上でそうなったのですか。

徐　ええ、そうですね、もう中学校二年くらいのときから。

●識字問題の背後に潜む日韓の社会史

徐　ところで、この問題を考えるには、すくなくとも補助線を一本引かなくてはならないと思うのです。単に女性差別とか貧困とか、さまざまな理由で文字の読み書きができないということと、それから植民地支配とか日韓関係という、この二つの理由があると思うんです。

後者の日韓関係に関してちょっと申しますと、一九六五年に日韓条約が結ばれて、日本と韓国の間をわれわれの家族や兄弟が往き来するようになった。それがちょうど私の中学時代と一致しているんですね。後に投獄されることになる兄たちも韓国に留学で行ったりしまして、あれやこれやで、いろいろと自分たちの歴史というものがわかってきました。そうしたなかで、私の母の世代の在日朝鮮人の女性たちに教育の機会がなかったということについても、当時はそれがむしろ一般的なことで、そのことを非常に恥ずかしがるという精神のありよう自体がね、やはり実は間違っているんではないかということを、その頃から考え始めたんですね。

田中　いまのお話をお聞きして思い出したことがあります。在日社会学者の鄭暎惠（チョン・ヨンヘ）さんのおばあさまが東京に住んでらして、区から届くお年寄りのための何とかかという書類を全部ヨンヘさんに読んでもらうんですけど、その書類のなかで必要ないと思ったものは、とにかくすべて捨ててしまうというんですね。なぜかというと、捨てないでおくと何かあると思ってしまうから、何かもしかして重要なことが書いてあるんじゃないかという気になってしまうから、読んでもらって自分に関係ないと思ったら、とにかく残さないですべてすぐに捨ててしまうとおっしゃっていたんですね。この話はすごく印象的でした。

もうひとつ、実は私が文字を持つ/持たないということに関してすごく衝撃を受けたのは、韓国のなかでもですね、ナヌムの家のハルモニたちからでした。彼女たちが戦後に韓国に帰ってきたときに、ハングルをやはり身につけられなかったのですね。ナヌムの家のハルモニたちは絵を描くんですけれども、その絵を描くに至った最初の理由というのが、やはり、文字を読んだり書いたりできなかったからということなのですね。それで、あるところに電話をしたいというときにですね、自分ではできなくて、電話をしてくれと当時の院長に頼んでみる。何度も何度も頼んでくるので、院長がなぜなのかと考えて、やっとハルモニたちが文字を読めないんだということがわかったという。このように何度もハルモニたちが訴えるまでわからないというのは、われわれが、つまり文字を持っている人間が、それがいかに当たり前だと思っているかということですよね。でも、文字を持たないということの実感みたいなものはなかなかわれわれには持ち難いでしょう……。

徐　子どものときの思い出で、兄弟は多かったし、私は病気がちで、兄はちょっと乱暴者だったものので、医者の世話になることが多かったんですね。それで、当時の在日朝鮮人は国民健康保険には入れなかったんですよ。ですから、百パーセント自費で医療費を払わなくてはならない……、貧しい上にね。しかも、医者に行くと診察の申込書を書かなくてはいけない。それを母は書けないわけです。それで、いつもは「目が見えにくいから、あなた書いて」と看護婦さんとかに渡したりしている。どうしてかなぁと思ったりしていましたね。

まさに、いま先生がおっしゃったように、親子の間でもですね、そのことが、「あぁ、そういうことなのか」とわかるためには、かなりの時間というか、経験がなければわからなかったし、さらに進んでその出来事を自分で得心できるまでには、いっそう時間とか経験が必要でしたね。

みなさんご存知かもしれませんけれど、歴史とか、その背景の経緯を若干語っておきますと、いま先生がおっしゃったように、ナヌムの家のハルモニたちはハングルが書けない人が多いですね。それで、例えば、姜徳景（カン・ドッキョン）さんという方がなくなった追悼碑があそこに建っていますけれども、その追悼碑に、ほかのハルモニがその姜徳景さんのことを書いているんですね。しかし、そこに書かれている文字は間違っているんです。

田中　そうなんですか。

徐　ええ、間違ったまま彫ってあるんですよ。それは、ある意味で、素晴らしいことだと思いますけれど。ほかのハルモニの筆跡で書いてあって、棒が一本足りないんですね。

田中　まさに、そのままというかたちで……。

徐　ええ、まさにそうなんです。その方たちが教育を受けるべき年齢のときに、階級的な意味でも貧しかったということと、男兄弟と違って女は勉強しなくていいんだというふうな、女性に対する差別が当然だった時代ですから。そのことは、私の母も含めて、女性たちにとっては一生の悔いであり恨みだったわけですけれども……。

それから、日本が統治していた時代ですから、日本の植民地体制のもとで近代的な学校がつくられるわけです。そこで、朝鮮語は、三〇年代の半ば頃までは、第二外国語的な位置づけですから、「国語」は日本語ですよね。ですから、ハングルを学ぶチャンスは、学校に行ってもやはり少ないわけです。しかも、女性は学校に行かないし、これは義務教育ではなかったんです。ここがまた、日本のなかで認識されていない大きな問題であるわけですけれども、朝鮮半島で日本がいわゆる近代的学校制度を作りましたが、それは義務教育制度ではなかったんですね。ですから、かなり熱心な親が、男の子優先で学校へ行かせるというようなケースが多くて、むしろ就学率は、植民地期の最後の段階でも二割とか三割くらいです。ですから女性の就学率は一割以下だったでしょう。

さらに、これは、日本にいてもそうだったんですね。ここが非常に重要なのですが、私の母の父、つまり私から見たら母方の祖父は、一九二八年に日本に来ているんですけれども、そのときにまだ五歳か六歳だった母を連れてきているんですね。それで、日本に来れば学校に行けるかというとそうではなくて、日本にいても、その小学校は、日本の子には義務教育制ですから就学通知を届けてきますけど、朝鮮人にはそうではないんですね。つまり法的に朝鮮半島にいるのと同じ扱いをするんです。ですから、親がこの子をお宅の学校で勉強させてほしいというふうにわざわざ連れて行って校長に頼み込んで、校長が「まぁいいでしょう」と言わないと、学校に行けないんですよ。

ですから、そういうふうなさまざまな、ジェンダーとか、経済とか、民族、政治とかいう、まぁ四段階ぐらいのバリアで教育の機会から遠ざけられていたわけです。それで、そういうふうな仕組みだったんだ、そういう理由があったんだということがわかってくると、母が読み書きができないということについて、ある得心ができるわけです。しかし、むしろ仕組み的にはそのことがわからないようにできているんですよね、日本社会で、普通に暮らしているぶんには。ですから、まわりの人で、母に優しくする人も、ある種の「憐憫」として優しくしているだけであって、それは有難くないわけではないけれども、やはり、ときに屈辱的な感じもする。そういうことを、いろいろなことがわかってくる年齢までは、私も気がつかなかったですね。

●子どもたちが得た教育が母にもたらしたアンビバレントな思い

徐　個人的なことを言うと、私の進んだ中学校は教育大学付属といい、京都では進学校だったんです。それで、まわりの人は、だいたいが中産層以上というか、大学教授とか医者とか、あるいは何代も続く商店とかね、そういうところの子どもたちが集まるところに私は行かされてしまったんです。そこでまたアンビバレントな思いをしましたね。保護者会とか、親の会合があったときにはですね、母だけは、やはり、ちょっと異質な人として扱われたんです。そのような場にはあまり顔を出さなかったものの、来ればそういう異質な人として扱われる。ただ、良かったのは、そういう場で母自身が卑屈な態度を見せるようなことはまったくなかったことでした。これは私の母が個人の資質として持っていた素晴らしい点だと思いますし、これが、われわれを救ったのです。

田中　呉己順さんがインタビューに答えて語ったご自身の伝記が入っているご本を読ませていただくと、そのことはすごくよくわかりますね。

徐　実は、兄たちがまだ獄中にいて釈放されないうちに、母がどうやら死ぬと……、ガンで、どうも余命が半年くらいだと医者に言われたんです。それで、正直に言いますと、私がこのインタビューをすべて画策したんですね。インタビュアーは新聞社の人ですけれども、私がインタビューしてくれとお願いに行って、インタビューのときもずっと横に付き添っていたんです。

それは、先ほども言いましたように兄たちを助けるということもありましたけれど、やはり、語るかたちでしか自分の人生のことを話せなかった人の、その記録を、なんとしてでも残したいというような意志が、そのとき、私のなかにははっきりとあったのは事実です。

田中　話が戻りますが、その本に書いていらっしゃるように、本当に、お母さまご自身が文字の手習いを始めた。先ほどの徐俊植さんの文章のなかにもありましたけれど、小さい頃に、キリスト教の教会で少しやった、でも、それは、ほんとに〈あ、い、う、え、お〉の段階で、そこから先に行かなかった。ところが、このノートのときには、ご自分の名前、それから住所がお書きになれるようになり、最終的には、子ども用の本が読めるようなレベルまで行くわけですね。やはり、「ニーズ」に迫られてということになるんでしょうけれど、学習に関する動機というものは、すごいものがありますよね。

徐　それはもう、すばらしかったですね。率直にそう思います。

最初の頃は、そこに書きましたとおり、名前や住所が書けないために、どれほどの、もどかしさですとか、腹立たしさとか、哀しさを経験したかというのは、ある意味で容易にわかってもらえる部分でもあると思うんですね。例えば、皆さんが海外旅行をしたときに、入国カードとかを書けといわれたときにそれが書けないなどですね。

監獄というところは徹頭徹尾官僚主義ですから、なんでも申請書を書かなければならないんですね。一生懸命申請書を書いたところで、半日待っていようが、一日中待っていようが、三日間通おうが、とにかくダメなものはダメという場所ですから、そういうときは本当に哀しかったと思います。

先ほどエンパワーメントとおっしゃいましたけれど、すばらしかったのは、そういう「ニーズ」を超えたところまで行ったとは言いませんけれども、その入り口のところくらいまではね、母が自分で進んだということですね。

私たちが子どもの頃に、両親からとにかく本を読め本を読めということを盛んに言われました。母はまったく教育がなかったし、父もほとんどなかった。それにもかかわらず、あるいはそれだからこそといいましょうか、要するに、マイノリティーである自分たちが、その次の世代である子どもたちに、少しでも改善された生活をするために与えられるものとして教育を考えるということは、これは世界一般にある現象だと思うんです。それに加えて、朝鮮民族のなかでは、文字を識るとか読み書きできるという人間に対する尊敬心というものが、ちょっと過度なほどあるんですけれども、そういうことの影響もあると思います。

そのようなわけで、本がうちにたくさんあるんですね、親が私たちに買い与えてくれた。おそらく、本人自身も、そこになにが書いてあるのかということに、すごく、生き生きとした興味を持ちつづけていたんだと思うんですよ。

ところが、そういうものを読んだ結果、母がはじめに思い描いたのとは異なる悲しい事態を招いてしまった、つまり、息子たちが韓国に留学し、ソウル大学大学院という、いわゆる一流校に行き、母はこの生きにくい日本ではなく、韓国という場所で出世してくれるんではないかと想像していたことでしょう。ところが、ふたを開けてみたらまったく逆で、政治犯となり、しかも政治犯となってからも国家に対してスミマセンとは絶対言わずに、苦労している。なんでこういうふうになったんだと最初はすごく嘆いて、やっぱりお前たちに勉強しろといって勉強させたことは間違いだったと言っていましたね。

田中　ああ、やはり、そういうことをおっしゃっていた……。

徐　ええ、それは、もちろん。畳をたたいて泣きながらそういうことを言ったりしていました。

自分の母親のことを語るのは難しいんですけれども、でも両面ありましてね。そうやって韓国に行きまして、面会したり差し入れしたりしますと、同じような境遇にいる人たちの家族と知り合うことになるわけです。それで、その人たちのほうが、どう見ても、人間的にはいい人たちなんですよね、捕まえている側よりね。しかも、本当に素晴らしい、尊敬できる人たちがいるわけです。

だから、その、お前たちはいったいどんな本を読んでいたんだ、そこでどんなことを考えていたんだということを知りたいというね、その気持ちがやっぱりあって、それで、うちに積んであった、私たちが子どもの頃に読んでいたような本を読みたいということを思い続けていたんだと思うんですよ。

田中　それが、すごいことですよね。そのように本を読んでみるというところまで行かれたというのは大変なことですね。

●「教育がない」ことの強さと辛さ

徐　兄たちのこともそうですけれども、母の若い頃からの人生を貫いている、教育というものの両面性を考えさせるエピソードがあるんです。

戦争中にまだ若いカップルだった母と父がですね、京都の郊外に行って小作農をやったのです。農業をやっていると徴用にとられる可能性が低くなるというのがその理由でした。そうやって、自分たちで大家族を養うわけです。にもかかわらず徴用令状が来てしまって、そのまま徴用に行くと残された八人、九人が食べていけない。それで、父は繊維製品のブローカーみたいなことをして全国を歩いているから、徴用令状が来ても父はいないんだということにして、何とかそれから逃れようとした。これは、当時の普通一般の日本人の庶民には考えつかないことでしょうし、たとえ考えても実行に移せないことですよね。だけど、佐渡島に行ったまま帰ってこないとか、そういうことを言い張る。そうしたら、役場に呼び出されますよね。そこで、字が読めないんだとか、連絡はないのかと言われても、手紙が来ても読めないんだとか、日本語がよくわからないんだというように言い張って、最後は泣き喚いたり、床に転がったりしてですね、それでとにかくその場をやり過ごす。もっと戦争が長引けばひどい目にあったかもしれませんけれど、四五年八月に戦争が終わって、そうやってやり過ごすことができたわけですね。

私もよく自分の学生たちに、どうしてこういうことができたと思うかと問うことがあるんです。私が思うに、父や母が、なにかこうイデオロギーや主義としての反戦思想とかを持っていたのではなくて、やはり、教育を受けていなかったからですね、端的に言うと。教育を受けていなかったからこそ、やり過ごすことができたんですね。教育、それもとくに当時の教育が持っていた否定的な面、つまり、国家のために自らを動員するという面、それにすらアクセスしないから、しないというよりもできなかったから、自分自身の判断で、国家をある意味で対象化できたんですね。

この本のなかで、戦争に日本が負けそうな予感はありましたかという問いに対して、「そんなん、ぜんぜん考える余裕なかった。そやけどね、わたしら親身になってへん」って言っているんですね。「親身になってへん」という関西弁わかりますか。日本という国が勝とうが負けようが、それに対して親身な気持ちはなかったと言っているのですね。それはなぜかというと、教育を受けてなかったからですね。

しかし、かわいそうなことに、子どもが成長して大人になったら政治犯になる。それで面会に行くと、今度はですね、韓国の政府が、転向させろとか、思想転向したら釈放してやるから謝るように言えとか言ってくるんですね。そこでも、自分が字が読めないからとか、難しいことはよくわからないからとか言うわけです。

田中　そのときの強さも、やはり、「教育がない」ということの強さですね。

徐　ええ。ただ、まさに田中先生が最初におっしゃったようなアンビバレントなところで、「教育がない」ということがそういう意味での強さを担保すると同時に、「教育がない」ことによって経験しなければならないさまざまな困難や辛さというものもありました。同時に、もっと広い世界、知識の世界とか、論理的な世界とかね、そういう世界に教育のない人たちが関心がないかというと、けっしてそうではないわけですね。そういう世界に出て行きたい、そういう世界で誰か他者と繋がりたいという、やっぱりそういう願望というか希望、普遍的なものへの希求というものは同時に持っているわけですね。私は、そう思いますね。

田中　それで、最終的に、新聞の大きな見出しくらいはお読みになられるようになった。でも、なかの細かい内容をわかるというところまでは至らなかった。また、自分でお書きになるということ、とくに文章でもって、自分の本当の声を、そのままお書きになるということは、おできになられなかったということですね。けれども、いまのお話を伺ってすごく印象的だったのは、自分の本当の「声のありか」というのは、教育をお受けになられなかったけれども、お母さまご自身はむしろお持ちだったんですよね。

徐　そう思いますね、ええ。

田中　おそらく、息子さん二人に、転向してしまえと言えばどんなに楽になるかわからなかったところを、あれだけ我慢したというか……、あの、そういうのではなかったわけですよね。

徐　もちろん我慢もしたんでしょうし、泣いたりもしましたし、心が迷ったこともありましたね。とくに父のほうが悩みましたから、母がそれについて心を砕くということはもちろんありました。

まぁ、言ってしまえば素朴なんですけれどもね、最終的には、子どもたちが、やはり自分で恥ずかしくない判断をすればいいと、それをどこまでも応援してやりたいという原点を、母なりの原点を手放さなかったということですけれども……。それは、やはり、楽なことではなかったと思いますね。

田中　そういうところが、教育というものがなかったために、かえって国家というものに回収されることがなかったことにつながったのですね。

徐　ええ、そうですね。

田中　日本についても、韓国についても。

徐　まさにそのとおりです。もちろん、最初から国家を相対化するような視点を獲得していたなんていうと、そんなこと間違いですしね。

田中　自分の生きる原点みたいなものを、教育や国家によって汚染されることがなかったがために、非常に強くその信念をお持ちになられたという側面があったということですね。

徐　ええ、そうだと思います。

●オモニの豊穣な語りの世界を支えた草の根ネットワーク

田中　自分が生きる原点に根ざす声を、お母さまご自身はお書きになれなかった。しかし、私が思うには、お母さまは、まわりの人をうまく「使いながら」というと語弊があると思いますけれども、それをちゃんと伝えられたと思うんですよね。そういう意味で、どうしてそれほどまでに声を持てたのでしょうか。

徐　いろいろな留保を置かなければなりませんが、まず第一に、母自身、語りのほうは、すごく滑らかだし、面白いし、豊穣な語りの世界を持っていましたね。これを、日本と朝鮮といった民族性みたいな話にする人がいますけれど、私は、これについては、そんなふうに言ってしまっていいのかなぁと思います。このインタビューなんかでも、実際に収録したものの何分の一かでして、とにかく母は語りのほうは饒舌なんですよ。

それで、そういう、いわば、口で語るさまざまな口承とか、伝承とかいう世界の背後には、彼らなりの生活の世界があって、それは、いま言われた学校教育や新聞や国家などいわゆるオフィシャルなものから距離をおいた、独自の生活世界を重層化した形で形成しているんですね。

例えば、親戚もひとつのネットワークですけど、それとは別に「頼母子講」（たのもしこう）というのがありました。在日朝鮮人の、いわば民衆的ネットワークでしてね、少額のお金をやりとりして、月に一回、親睦を深めたり、情報交換したり、あるいは息子や娘たちの縁談をとりもったりする、ある種の草の根ネットワークです。もう、それもなくなってきたとは思いますけれども、父や母の世代では盛んでしたね。先ほど、戦中に徴用逃れをした話をしましたが、あんなことができた一因は教育がなかったことですけど、一般の日本人にはわからないある種のそのような民衆的ネットワークもそれに寄与していたんです。

戦時中の日本社会には「隣組」があり、うちの母親も「トンカラリンと隣組」なんて口ずさんでいたこともあったくらいで、建前上はそういうつきあいもこなしながら、本音のところでは在日朝鮮人のネットワークにつながっているといった具合に、二重性を使い分けていたと思うんです。例えばどこかから誰かが逃げていたときに、同郷人だからかくまうというようなことが機能していたわけですね。あるいは、戦後すぐに、日本から解放されたはずの朝鮮に帰ったものの、朝鮮戦争が始まってしまったためにもう一度日本に戻るのを助けるネットワークとか。

それから、在日外国人の地下銀行なんていうと、ネガティブなイメージで捉える人が多いでしょうね。でも、例えばですね、私の祖父が戦争が終わって田舎に帰ります。それで、父は日本に残って働いて、まだ向こうで暮らせるかどうかわからないから送金するわけですよね。そんなときにどうやって送金すると思いますか。当時、日本は敗戦の焼け野原、一方朝鮮には政府すらないという状況でした。でも、それができたんです。例えば、先ほどから述べている同郷人のネットワークを使うんです。里帰りする人がいたらお金を託すとか、あるいは、実際にはお金を渡さないけれども、向こうで自分の親戚にお金を払ってくれる代わりに、こちらではその言伝《ことづて》をしてくれる人の親戚にお金を払うとかね。そういうネットワークが機能していたわけです。国家はそれを、地下銀行だといって摘発するわけですけれども。

それで、そういう民衆ネットワークの世界にですね、あまり美化してはいけないのですけれども、女性だけの「頼母子講」というものがありまして、そこにオモニとかハルモニたちが集まってワァワァやっている。私は教育を受けて日本社会に深くかかわって生活してしまっていますから、もう、高校くらいのときに、そういうものをちょっとかなわんなぁとか思ってました。でも、そこには、ある種、豊穣な語りがあるわけですよね。

それで、そのような重層化した二つの生活世界の間が断絶しているわけです。オモテの世界ではオフィシャルなものに合わせないといけないし、オモテの社会しか知らない人間には、重層化している底部の世界の語りにまったく思いが行かないという、そこが問題なんですね。そこをつなぐということがほとんどの人にはできないんだけれども、母の場合は、それをつなごうという意識がちょっとあったのかなと、今になってそういう気がしますね。

田中　そうですか。二人の息子さんの問題が起きたあと、最初は新聞の特派員の方ですか、それから向こうのいろいろな方との交流のなかで、お母さまはいまお話になったような意味での新しいネットワークを作っていらっしゃるでしょう。それも、むしろ韓国のほうで。

徐　そうですね。びっくりしますね。

ね。

田中　やはり、そういうところというのは、ひとつの「語りの力」みたいなものなんでしょうか

徐　これは、母個人にもそのような才能みたいなもの、あるいは社交性みたいなものがあったと思います。それから、支援してくれる人たちだけではなく、権力の側にいる人たちに対しても、あるときには抵抗し、あるときには取り入るような、そういうようなこともできる人でしたね。

それと、もうひとつは、社会全体として韓国では、母の年代の人たちには教育がないということが日本よりは一般的だったということもあります。それに、植民地時代の教育制度とか就学率とか男女差別ということも考え合わせると、韓国で母の世代の人たちが教育がないという理由で露骨に排除されるという率は日本よりも低くて、例えば、私は字が書けないからあんた書いてよというようなことを言っても、韓国社会ではあまり恥ずかしくないんですね。

しかも、政治犯の家族の方たちと知り合うようになりますと、彼らのオモニたちもみな字が読めなかったのです。政治犯の家族の集いというのは、ある意味、辛い出会いであったわけですけれども、そこで、母は、金芝河（キム・ジハ）という著名な詩人の母親であるとか、労働条件の改善を訴えて焼身自殺した全泰壱（チョン・テイル）さんのお母さんで、韓国の労働運動の母といわれる李小仙（イ・ソソン）さんという人とも知り合いになるんです。彼女たちもみんな学校に行っていないんですね

ところが、金芝河の母も李小仙さんも、彼女たちの息子の世代から一種の敬意をもって見られて

いました。そこにはもちろん、日本の場合とは違う屈折した女性差別もあるんだけれども、日本で母が行動するときよりも行動しやすかったんだと思いますね。

●内奥の声をどこまですくいとり描き出せるのか

田中　それで、最終的には、お母さまが自分でお書きにはならなかったけれども、社会のなかで広く声をお持ちになったと思うんですね。もちろん、そのためには、ものすごく辛い思いもなさったし、あのような事件がなければ、もしかしたらそのようにはならなかったのかもしれません。しかし、そのようなネットワークであるとか、あるいはまわりの人たちの支援があったし……。だからといって、お母様の声を誰かが代弁したというわけではけっしてないですよね。

徐　うーん、そこが、本当に、先生がおっしゃるとおりだったら良いのですけれども……。やはり、私には、そういうふうに言い切ってしまえないある種の後ろめたさがありますね。まず、私自身が、母の代弁行為をしたり、このように本で聞き語りをしたり、あるいは、母がこう言っているとあちらこちらで引用したりしてきましたけれども、母の言いたいことのすべてを私が精確に摑んで表出しているかどうかとなると、あんまり自信がないですね。

田中　それは、もちろん、そうでしょうね。

徐　それと、政治性の非常に強い状況のなかに置かれていましたので、おもんぱかる必要がなければストレートに出せたことでも、伏せていたこともありました。しかも、何を伏せたか今はよく憶えておらず、伏せたということだけが記憶にあるようなこともあります。

また一方では、在日朝鮮人をはじめ、日本人も含めた救出運動をしてくださった方々の中には、母についてあるイメージを作り、それが私たちから見ると実態から少しズレていても、そのイメージが固定してしまっているというところも現にあります。私たちからすれば、そのときはそのことを問題にするときではないというふうに考えて、そのままにしてしまったという面もあります。

今では大学で教えたりしていますけれども、私は自分をもの書きだと思っています。そして、自分にとって最大のテーマは母でして、それを描き切れるかということが、だんだん歳を経るほどに難しく思えてきています。

そのわかりやすい例として、兄の徐勝が語っていたエピソードがあります。母は一度子宮ガンの手術をして、それが再発して死ぬんですけれども、再発する前の時期に面会にきた母に徐勝が、「お母さんもう一度生まれ変わったらどうなりたいんですか」と尋ねたところ、母が、「うーん、モンゴル人がええな」と答えたんですね。それで、「なんでモンゴル人なのか」と聞いたら、「ええやないか、草原でお馬にパカパカ乗って」と言うんです。それは、その当時『シルクロード』という番組をNHKでやっていまして、ああいう大地と空しかないような場所で、頬を赤くした少女が馬を駆ってずーっと駆け抜けていくような、ああいうふうに生きたいなということだったんでしょうね。

これは、われわれのような、文字を知ってしまい、教育というものに「汚染」されてしまった人間には、「えー」というような突拍子もない答えだったのです。われわれのなかにはさきほど言ったような事情で、社会的に作り上げられた母のイメージをいつしか受け入れてしまっていたところがあって、やはり、「朝鮮人として生まれて育ってきた人生に、まぁ、悔いがない」とかね、そういうようなことを言うのではないかなと思っていたら、意表を突かれたわけです。それを聞いて、つい笑いながら、それでいて死期が迫っていることなども思い合わせると、泣いてしまうところがある。つまり、その母を、朝鮮の母とか、韓国政治犯の母とかね、在日朝鮮人の母とか、勉強した人間の枠の中に入れてきた。それで、もしこの母のことを描こうとすると、そこのところを破ったかたちで描かなければ母の声をすくいとれないと思いますね。それがなかなか難しいところだと思います。

田中　最終的には、やはり、代弁というかたちを免れないとは思います。ただ、それを、先ほどおっしゃったように、政治犯の母とかいう、ある種のカテゴリーに回収しないための、さまざまな人がまわりにいらしたと思うんですね。

実はいま、アジアのいろいろな国から日本へ来た人たち、例えば農村花嫁ですとか、あるいは、外国人労働者として働きに来て日本人と結婚した人たちが、どこで「自分の声」を持てるのかという問題に取り組んでいます。そうした人たちのほとんどは、日本語はもうよくしゃべれるんだけれども、やはり読み書きは非常に難しいと……。本当の意味で、「母語」でない言語についての読み書き能力を、成人してから身につけようとするのは、ひょっとしたら不可能に近いんじゃないかなと私なんかは思ってしまっているんですけれども。

そのようなときに、代弁ではないかたちで、まわりのコミュニティーが支えながら、私は「声を持つ」ことができると考えているんですね。そのことのひとつのモデルとして、お母さまとまわりの支援した方々との関係を見させていただいたのですが。

徐　うーん、そこは、私としては、いろいろな意味で留保つきで考えてしまいますね。いまも少しお話ししましたけれども、あの母についてすらも、われわれは、われわれのほうが解釈するという特権を行使して、しかも母が言いたかったことの一部しかわれわれは解釈していないと。そういうような、ある種の割り切れない気持ちが、やはりありますよね。

繰り返しになりますが、知識という大きな権力を持っている人間が「解釈」という特権を行使してしまうということが大きな問題ですね。言葉や語りを文字化する、あるいは言説化するときに、「解釈」という特権を行使するわけですし、しかも、解釈される側は、それを校正したり批判したりできないのですから、そこはやはり留保つきになりますよね。

このインタビューのはじめの方で田中先生が引いてくださった兄の徐俊植の手紙に戻るのですけれど、兄の夢のなかに母が出てきて、バスの停留所で鼻を真赤にして泣いている。それで、泣きながら駆け寄って行ったところ、母が、お前たちに良かれと思って教育を受けさせたら、勉強して立派になったお前たちは私を馬鹿にしている、だから私は立ち去るんだと。そういうことを夢のなかで母が言って、自分は悲しくて、泣いて目が醒めたというようなことを手紙に書いてきています。

そこは非常に重要な点で、われわれはそこのところをどうしても解釈してしまうし、どうしても言説化してしまいますけれど、そこで、権力を行使しているんだという、ある後ろめたさというか、反省を強いられることになりますね。そのような反省を促す力みたいなものが、母の場合にはあったと言うこともできますけれどもね。

田中　結局は、教育を受けて、ある知識を身につけ、そのフィルターを通して解釈する特権を行使してしまう人間に、その特権を持っているがゆえの権力性というものを目覚めさせてくれるというか、さらに、できればその特権を持っている人間が自身のフィルターを外して虚心にありのままを見つめ直すことの大切さを思い返させるようなお母さまであったと。

徐　そうです。ですから先ほどの「モンゴル人」というのが一つの例ですけれど、つまり、ここのスイッチを押せばここのランプがつくはずだと思っていたら、思いがけないところのランプがついたといったようにね、よく考えてみたら、こちらの考えていることが一面的だったと気づかせるようなことが、いくつも、しかも日常的にあったんです。そういうような人でしたね、母は。もちろん、繰り返しになりますけれど、彼女自身が比較的そういう才能に恵まれた人、そういう能力を発揮するいろいろな意味でのチャンスがあった人だとは思うんですけれども、しかし、そういうことは、彼女に限らず、もっと一般的なところでもあると私は思いますね。

●逆境がもたらした人との出会い、言葉の獲得

田中　たぶん誰でもが、ある種の知識に装われた特権に基づいて解釈することの危険性を反省させる力を、どこかに持っているはずなのですね。ところが、おそらく、まわりの人たちも、場合によっては自分自身も含めて、そういうことに触れないように生きるということをしてしまっている。しかし、お母さまの場合は、意図せずしてそういう問題について非常にうまく問いかけることができた方だったんですね。

徐　そうかもしれませんね。これは、ものすごくアイロニカルなことですが、兄たちが投獄されてからの日々は、母にとって、やはり最も辛かった年月でしたけれども、いま田中先生がおっしゃられたように、逆境にあったがために自己を表出するというような別のチャンスを得たわけです。

そういう環境におかれてもそうならない人もたくさんいるとは思います。しかし、私の母と同じ世代の人たち、つまりさきほど言いました断絶している下の層の人たちのほとんどは、語りの世界のなかで閉じて居続けたまま、しかも、マジョリティーとの関係のなかで先細りして行くなかで、個人的に人生を終えて行くわけですよね。

ところが、母の場合は、どうしてもその外の世界との関係を持たざるをえなくなってしまった。例えば新聞記者に自分の気持ちを言わなければならないとか、あるいは、弁護士と交渉せざるをえないとか、あるいは、刑務所に行ったら、刑務所の人間がいろいろな「論戦」を挑んでくるのに反論しなければならないとか。そういうことのなかで、もちろん嫌なこともたくさん経験したけれど

も、逆に、この、自分自身の思いを表現しなければならない状況に立ったがために、そういう能力が開発され、またそのことへのある種の喜びを得たといいますか、そういうことがなければ接することのなかった世界とのつながりを見つけたんだと思うんですよ。

田中　それで、そういうことが、やはり、また元へ戻ってしまいますが、本を読むということに繋がっていったわけですよね。

徐　そうですね。それで面白いエピソードを思い出しました。

東海林勤さんという牧師さんが兄の救出運動の代表をやってくださったんですね。この方はいまもご健在ですけれども、当時はまだ三十代の前半でして、しかもたいへん品のいい紳士で、まぁ、言ってみれば男前なんですよ。それで、その人といろいろな用件で会うと、母はそれが嬉しいんですね。こういうことがなければ、ああいう品のいい人と会うことはなかったとか、こんな事件がなければあんたのお父さんみたいな人間としか知り合えなかったとか言うんですよ。それは、半分は冗談ですけど、先ほど言ったような意味では半分は本当で……。

しかも、東海林さんは一生をそういう困難なことへの貢献に捧げた方ですから、たいへん真面目で真摯な方で、堅い言葉でしか語れない性格だったんですね。神学の大学院を出られた方で、難しいことしか考えられず、難しいことを難しい言葉でそのまま言ってしまうんですよ。それで、「それどういう意味ですか」とわたしの母に言われて、向こうも一生懸命考えてしまうんですね。母のほうも、そうすると、それに興味を持つわけです。そういうふうな関係を持てた母は、一般の在日の女性とは異なる経験をしたのだと思います。一般の在日の女性の場合は、家庭のなかでの女性差別とか、日本社会のなかでの差別的な関係とかのなかで、ある種特定のコミュニティーのなかで孤立して人生を終えていくというような境涯でしたから。

ですから、文字言葉を持たない人たちと接するときには同じ目線に立ってなどと言いますけれど、必ずしもそうする必要はないと思うんですね、東海林さんを見ていると。

田中　たしかに、徐京植さんのお母さまは、このような大事件に遭われてしまったがために、逆に「声を持つ」ことができました。しかしながら、このような大事件に遭わないような人々でも、例えば、ある種お母さまと同じような立場に立たされるようなことがあったときに、お母さまのように社会との接点を見出せるかということをですね、私としてはなんとか考えてみたいんです。まわりの人々がその人に「声を持つ」ような環境をつくってあげるためにはどうすればいいかという……。

徐　そのことで、もうひとつこんなエピソードもあるんです。こういう環境の変化が起こってくると、母の言葉のなかに「漢字語」みたいなものが入ってくるんです。例えば、「おまえの言っていることは『根本的に』間違っている」とかね。「根本的に」というのは、母にしてみればもちろん耳で覚えた言葉です。この場合には意味も正しく使われていると思うんですけれども、やはり母からそんな言葉を聞くのは何となくおかしい。そこで、こちら側では「なに言っているの、お母さん」とかいって笑い出すと、母は怒り出すわけですよ。でも、怒りながらも、こちらが「根本」の意味を教えてあげると聞き耳を立てているんですね。怒りつつ、そこで得心しながら、じっと聞いているわけです。

田中　それは、やはり、喜びなんでしょうね。

徐　そうですね。概念を得ていく喜びですよね。そこには、もちろん誤解が生じる危険性もありますけど、そこで聞き流して終わらずに、概念をうる喜びの入り口のところまでは進んでくれましたよね。まぁ、「根本」と言っている母を笑ってしまったのは申し訳なかったですけれども、そこまで進んできてくれたことには救われた気持ちがしますよね。

●日本語を日本人の枠の外へ広げる

田中　最後に、少し、今度は徐京植さんご自身のことをお聞きしたいんですけれども……。いままで伺ったとおり、そしてご自身からもお話ししてくださったとおり、お母さまのこともあって、教育の持つアンビバレントな部分にたいへん敏感でいらっしゃいますけれども、今度は、とくに日本社会のなかで、徐京植さんご自身が「声を持つ」ことについて、やはり、一般の日本人とは違う部分、日本人には普通感じえない部分についてお話していただきたいのですが……。ところで、「日本語」は、徐京植さんご自身にとっては、これは、もう「母語」ですよね。

徐　そうですね。

田中　ただし、「母国語」ではなく、あくまで「母語」ということだと思いますが。

徐　ええ、そうですね。

さきほど、自分たちは母の世代に対して解釈という特権を行使したと申しました。そのことについて、立場を変えて、自分自身について考えてみると、やはり、「日本語」を「母語」として育ってしまったがためにですね、「日本語」のマジョリティーたちに解釈の特権を行使し続けられているという、そういういらだちというのは子どもの頃からずっとありますね。「あなたの言っていることはわかる」と一方的に言われるときに、相手に対して「本当にわかっているのかな、ああ、やっぱり、これはわかってもらえていないな」といういらだちですね。

子どもの頃には、教科書なんかに、例えば「わが国の四大工業地帯」というように、必ず「わが国」という言葉が出てきて、授業のなかで先生に当てられてそれを読めといわれたときにですね、やはり「わが国」と読むのはどうしても嫌な感じがしました。これは俺の国じゃないのに、なぜ「わが国」といわなければいけないのかという……。小学校四年生くらいのときからそういう感じがありましたね。

やはり、そこで言葉が詰まるんですよね。それでムニャムニャと言葉を濁したり、場合によっては決意して「日本の」と言ったりね。そうすると、たいていは、まわりの友だちはもちろん、なんでそんなことにこだわっているのか理解できないし、教師も、本当に理解しているか怪しいですよね、大方はそんなことで時間とるなという感じでした。

また、中学校に入って最初に英語を習うときに、まずI am a boy.という構文を習って、その次にI am a Japanese.という構文が出て来るわけです。それで、授業のときに、列で前から順番に当てていって読みあげるときに、それがだんだん自分に近づいてくる。「困ったなぁ」って、俺は朝鮮人だから朝鮮人って言わなきゃ自分をごまかしているように見えるなぁとか、だけど朝鮮人って英語でどういうかわからんなぁとかね。ですから、そこでウーって黙っていると、なんで黙っているんだということで反抗的な子とされて、中学校のときは英語の成績はずっと2くらいでしたね。だけど、子どもですから、そのことの説明はできないわけですね。

それが子ども時代の経験で、そのことをまわりにだんだんと説明できるようになってからも、そのことがちゃんと理解されたということは、いまに至るまでやはりありませんでした。しかも、それを表現する手段として、私が「日本語」しか持っていないというところに、何と言いますかね……、自分が「日本語」という格子のない牢獄に囚われているという感じがするんですね。

こんなこともありました。『子どもの涙』という本で、私は日本エッセイスト・クラブ賞というものをいただきました。この賞は優れた日本語表現で書かれた著作に与えられるそうで、外国人として受賞したのはあなたが二人目だといわれました。一人目は邱永漢さんでした。賞をいただいて嬉しくないわけではないんですけれども、賞を授けた人が、「そんなに上手な日本語どこで身につけられたんですか」とか、「日本語をそこまで身につけられたのにはたいへんな努力をしたんでしょうね」というようなことを聞いてくるのです。そこにはものすごい解釈の特権がはたらいているわけですよ。それで、「いや、そんなことなくて、日本で生まれて育って、日本の学校で勉強して教育も日本語でしか受けていません。日本語は『母語』なんです」と一生懸命説明しても、「それじゃぁ、なんで『徐』というお名前なんですか、日本のお名前はないんですか」と聞くんですね。ここには、もう、言語とネーションというものをイコールでつないで、まったく、そこにズレを見ないというか、ズレ自体を疑ってみることすらしないというような、たいへん大きな集団が背後にあるようにみえて……。ですから、私が何をどう書こうと、それを解釈する権限はマジョリティーの側に握られている感じです。その感じは日に日に強くなっていますね。

それでも、書いても無駄とは思いませんし、書くのをやめるというわけにはいかないのですよ。今日はこれは主なテーマではありませんけれど、このことは、在日朝鮮人のもの書きならば、多かれ少なかれ、皆が感じていることだと思いますね。

『火山島』という長大な小説を書かれた金石範（キム・ソクポン）さんという方がいますね。私の上の世代で、朝鮮語もよくおできになって、どちらの言語でも書けるんです。しかし、朝鮮語で書いている主題をそのまま日本語で書いても同じことを書いている気がしないとおっしゃっているんですね。つまり、日本語で書くような主題は、日本語でしか書けないのです。ところが、日本語で書くかぎり「日本語文学」だというカテゴリーに回収されてしまうわけですね。金先生はそう言われることが嫌で、文章表現をするということは、もっと普遍的なものに語りかける何かがあるはずだとおっしゃっているんですね。つまり、日本語であれ、朝鮮語であれ、英語であれ、どんな言語で書いたとしても、言語の枠を超えたある普遍的なものへの語りかけがあるはずだということを、「ことばの呪縛」というエッセイに書いておられます。それはまだ、「あるはずだ」という孤独な叫びに終わっているんですけれども、私もだいたいそのような金先生と同じ気持ちでおります。

●ネーションの枠を超えた言語教育を

徐　今日のテーマについて、最後に、二つほど申し上げたいことがあります。

まず、ひとつは「わが国」とか「国語」という呼称の問題です。四国の松山で講演をしたときのことでした。私が講演するくらいですから、けっして保守派とか右派が来るわけではないんですけれども、そのときにいらしていた学校の先生方に、「わが国」とか「国語」とかいう呼称をやめることから始めたらどうですか、「日本」とか「日本語」という呼称に変えてみてはどうですかと提言してみたんです。そうしたら、ああ、そういうことは思ってもみなかったとおっしゃったんですね。まだ、このことは教師の世界でも思ってもみないことのひとつだということです。

それから、広島に行ったときには、生徒さんの中に日系ブラジル人の子どもがいて、その日系ブラジル人のお母さんが学校に来てですね、「先生、ウチの子にも『国語』を教えてください」と言ったそうです。「いや、教えていますよ」といったら、「いや、いや、その『国語』ではなくて、うちの子が将来ブラジルへ帰ったら、ちゃんと生活できるような『国語』です」と。つまりポルトガル語のことだったんですね。それが「国語」と翻訳されていること自体、すでに翻訳の権力、解釈の権力の現れなのですよ。それを受けて、その学校では、時間割の「国語」のところを「日本語」

というふうに書き直したところ、それを地元の保守系の自民党の議員が問題にし、しかも、これを国会でも文教族が取り上げ、こんなことを文部省は認めているのか、いつから「国語」を「日本語」と呼ぶことにしたんだ、文部省の指導に違反していることをほっておくのかということになったのです。それは、例の日の丸・君が代問題で校長が自殺する事件があった前年のことですけれども、これは明らかに広島の教職員組合に対する非常に大きな弾圧ですよね。

一九八〇年代の初めには、日本国が多文化主義に開くとか、あるいは、在日外国人が増えることによって、単一民族や単一言語から開かれていくと素朴に信じていた人が多かったのですけれども、それが九〇年代に入るとむしろ硬化していくという方向をたどったということだと思います。

それと、もうひとつは、例えば在日朝鮮人の女性が日本語の読み書きを身につけるということの意味をめぐる問題です。NHKのある番組に、自分の名前が書きたかったという北九州のオモニたちの夜間中学のドキュメンタリーがありました。その番組は、ボランティアの人たちの努力によって、彼女たちが字を書けるようになり、電車の行く先が読めるようになり、病院の申請書が書けるようになった、良かった、というところで終わっているんですね。

しかしながら、その彼女たちが日本語ができるようになって良かったという話は、日本が朝鮮を植民地支配していた時代に朝鮮人のすべてが日本語で読み書きできるようになり、日本語でしか公的な世界にアクセスできないようになって、それで良かったと言っているのとどう違うのか。つまり、日本語でしかアクセスできない、公的な世界に開かれないという現実を同時に問題にしなければ、それは植民地時代に植民地主義者たちが持っていた偽の普遍主義、東アジアの大東亜共栄圏の共通語として日本語が最も優れていて、この最も「ニーズ」のある言語を使って遅れている朝鮮語を使わないでいることのほうが正しいんだという思想につながっていきますよね。

田中　そうですね。現在、地域の公民館などで行われている日本語教育や、夜間中学などでもそうなのですが、そこで行われている言語教育というものは、やはり戦前の「国語」教育に近いレベルのものなんですね。本当の意味で、「声を持つ」ということにはなっていない。最終的に日本の社会というものが前提になっていて、そこで、ある程度までの日本語の読み書き能力で便利に暮らせるではないですか、それも豊かさではないですかという、そのレベルまでにしか行ってないんですね。それは、留学生に対する日本語教育も、その程度のレベルなんですね。

徐　そうですか。言語教育の現場で、いま田中先生がおっしゃったような、疑いを差し挟むようなテクストとか実践が求められると思うんですけれども……。

逆の例なのですが、韓国の延世大学に、朝鮮語を知らないまま大人になって、ちょっとゆとりができたので朝鮮語を習いたいという在日の若い人向けの講座があるのです。そこで読まされるテクストに、「韓国人なら韓国語が出来て当たり前だ」というような構文が出てきたりするんですね。しかも、その発音がうまくいかないと、先生から「なぜだ」と言われたりして、もう拒否感が出てしまう。

言語とネーションというもののつながりを疑わないというか、むしろそれを強化するようなテクストが言語教育の現場で使われているわけですよね。ですから、そういうことが当たり前ではないというようなテクストをまず使わなければならないと思うんです。そこのところで挫折する人がけっこう多いんですよ。在日の人間がどんなに頑張っても、本国の人たちと比べれば、自分たちの言語は劣ったもので不十分なものだと思わされてしまうわけです。多言語、二重表記、三重表記みたいな、一見やっかいなことを、やはり、やっかいがらずにやらなければいけないと思いますね、言語教育の現場ではとくに。

田中　そうですね。

弱さがもたらす豊かなコミュニティー

——浦河べてるの家の降りていく挑戦

向谷地生良
川村　敏明
［聞き手］
春原憲一郎
田中　望

「浦河べてるの家」は、北海道浦河町にある、精神障害などをかかえた人たちや町民有志によって運営されている事業の複合体。一九八四年四月に、浦河赤十字病院精神科を退院した人々と町の有志により地域活動拠点として設立された。共同生活をしながら、昆布の産地直送事業を皮切りに、福祉関連事業やごみ処理事業などにも事業を広げ、二〇〇二年にはそれらを束ねる組織として「社会福祉法人 浦河べてるの家」が設立され、現在にいたっている。メンバーは百人ほどで、その代表には当事者が就いている。

事業においては「安心してサボれる」会社づくりが目指され、また共同生活においては「三度の飯よりミーティング」をモットーに、当事者たちならではの共感のこもった話し合いが重視されている。そうした土壌から生まれた「当事者研究」は、精神医療において患者自身が自らの症状を客観的に把握することの重要性を認識せしめ、反響を呼んだ。地域に密着した事業も活発で、精神医療における地域を活性化させる優れた実践活動として、各方面から高く評価されている。一九九五年に日本精神医学会第一回奨励賞を、また二〇〇〇年に若月俊一賞を受賞。

「弱さを絆に」、「降りる生き方」、(失敗しても)「それで順調」といった合い言葉が実践活動の中から紡ぎだされ、そこに結晶しているユニークな活動理念は海外からも注目されて、年間三千人を超える研究者・見学者が過疎の町を訪れるようになっている。

インタビューに登場する向谷地生良（むかいやち・いくよし）は、一九五五年生まれのソーシャルワーカーで、二〇一二年現在北海道医療大学看護福祉学部教授。浦河べてるの家設立以来の中心メンバーの一人であり、「相談するソーシャルワーカー」がモットー。もう一人の川村敏明（かわむら・としあき）は、一九四九年生まれの精神科医で、二〇一二年現在浦河赤十字病院精神神経科部長。「治さない・治せない精神科医」を標榜。

●新米ソーシャルワーカーとして人間関係で苦闘

春原　私が向谷地さんの活動を初めて知ったのは、鷲田清一さんの『弱さの力』で、あの中に書かれていた「べてるの家」のことを読んで非常にびっくりしたんですね。実はこの本の企画が持ち上がったときに、出版社が「教えない日本語教育」という仮の書名を付けていて、このところ十年ぐらい私たち自身が、地域の日本語教育のなかで「教えない」ということを言ってきたんです。そのときに、向谷地さんが「社会復帰を促さないソーシャルワーカー」と言ってらして、川村先生が「治せない・治さない精神科医」ということを言ってらして、あっ、どこかでなにか、その地下水脈みたいなものがつながっているんじゃないかというようなことを感じたんです。

あの本のなかに、べてるの家の日常を記録した「ベリー・オーディナリー・ピープル」のビデオの紹介があったので、すぐ全巻取り寄せて、夜ごと見ていたんです。それを見ながらすごく惹かれたひとつが、失敗とか苦労というのを肯定的に捉えていくっていう発想でした。日本語教育でも外国の人が日本に来て勉強して、失敗して、間違うことをできるだけ減らしていって、うまく出来るようにしようという教育をしている。そうすると、しかしいつまでたっても、日本人のようにはなれないんですね。いつまでたっても、なんと言うか、二流の市民としてしかいられない。

それから、もうひとつ惹かれたのは、やっぱりあのご本の中に、なにか事件があったりすると「統合失調症の患者が」というようなのが付くとあって……。で、日本の社会で、ある種の外国の人たちにいつもなにか犯罪が起きると「外国人らしき一団が」というような形であるレッテルを貼られている。

そういうようなことが、すごくつながりあっていると思いました。それで実際に、例えば日本語力であったり、それから、権利であったり、弱いところに置かれている人がいま主流にいる人に近づく方向ではなくて、その人たちはその人たちのままで、むしろ主流の方がなにか変わっていったり、降りていったりするということがポイントで、そのためには、そのコミュニティーなり地域なりが、そうした生き方を生かしていく場であることが必要だと。そういうふうに、どこかで自分たちを変えていく、新たなものを作り出していくということが、いま全国の各地域に外国の人がたくさん住むようになってきて、必要となってきたんじゃないかという気がするんですね。

向谷地さんがべてるにかかわってこられて、さまざまな試行錯誤を経て、ある意味で発想の転換みたいなことを経験なさった。つまり、アルコール依存症や統合失調症の人が社会復帰をして、健常者の側に近づいていくというような形ではなくて、むしろ地域そのものが、そういう人たちがそのままで生きていけるというような場にしていくというような方向での取り組みですね。おそらくそういうことが、今のべてるを形づくった理念になっているんじゃないかという気がするんです。どういうことでそのような理念が形成され、転換がなされたのかというあたりをお伺いしたいのですけれども……。

向谷地　大学でソーシャルワークを学んだあと、新卒で浦河の病院勤務になり、ソーシャルワーカーとして精神科病棟で仕事をし始めたときに、医療のチームの一員として入ったわけです。私に求められたのは、ソーシャルワーカーという福祉の立場から、診療のチームの中で患者を社会復帰させるという役割を果たすことでした。けれども、行ってすぐ思ったのは、「これは違う」ということでした。医療ですから、あくまでも診療に来る人たちは病気ということで診断を受けて、そこで治療を受けて、その結果として体が回復したり、失われたものを取り戻していくっていう、そうした流れの中で私は役割を果たすことを期待されていたのです。

そこで違うと思ったのはなぜかというと、そもそも私自身が全然社会復帰していなかったという状況があった。浦河に来たばかりで、私には友達がいなかったし、毎日がつまらなくて、話し相手もいないしね。日曜日というとどこも店は閉まっていて、車の免許証もなくて、外出といっても自転車ぐらい。自分が本気で浦河に住む気なのかと自分に問うと、全然そうじゃないわけですね。二、三年したら札幌にもう一回戻りたいなという心積もりでいるし、まわりの職員を見てもみんな似たり寄ったりだったんです。だいたい今でもそうですけど、うちの看護師さんってみんなものすごく若いんです。あまり長く勤務せずにみんな辞めていくものですから、常に新卒が入って数年で入れ替わっていく。だから、看護師さんたち自身もそれほどこの地域、この仕事に愛着があるわけではないし、あくまでも腰掛けなんですよね。そういう視点で見ると、だれもまともに地域で喜んで暮らしていない。ましてや私は来たばっかりで、しかも四百人近くの職員のなかで一匹狼、つまりソーシャルワーカーとしては第一号だったんです。

田中　そうだったんですか。

向谷地　ええ。新卒で右も左もわからないうえに、学生時代はずっと難病問題という一般医療の方でソーシャルワークを学び、老人福祉施設で住み込みのアルバイトをしたこともあったんですけれど、精神科領域なんて接したこともなかったのです。就職が決まってから、あわてて一週間だけ札幌の病院の精神科病棟でちょっと研修させてもらっただけ。大変なことになっちゃった。

田中　今の新卒の人たちは、そういうのって、ちゃんと勉強して資格を取っているのでしょうね。

向谷地　そうですね。私たちの場合は、それに対応したカリキュラムもなかったですからね。むしろ私は、老人ホームでの住み込みのアルバイトで、脳性麻痺とか、ハンセン氏病の人たちとの交流など、そういう当事者の側に立っての活動の経験はありました。

　ところが、病院で治療する側の一員になってみると、何かが違うと思った。治療という形で、病院で役割を果たそうとしている人たちのしようとしていることが、私にとっては非常に現実離れしたものに見えた。その違和感が生まれた根底にあったのは、徹底して自分にこだわるということだったと思います。私はうわべは安心して暮らしているように見える一方で、毎日喘いでいた。本当に情けないことでね。看護師さんとか医者たちがいる前で、患者さんへの電話一本かけられないんですよ。私は変なことを言うんじゃないかと、おっかなくてね。例えば、ある患者さんのことで役所とかに連絡しなければならない。どうやって電話すればいいのか、どう伝えればいいのか、聞かれたらなんと答えるのか、教えてくれる人なんか誰もいないわけですよ。自分で考えなきゃならない。

田中　その場合の職場での主導権というのは、やはり医者が中心で……。

向谷地　ええ、常にドクターが一番偉くて、当時、ドクターの鶴の一声で病棟の看護師全員入れ替えということが可能でしたからね。すごい権力もっていたんです。あるドクターなんか、赴任して二ヵ月で看護師さんを全員入れ替えたんです。看護師さんたちはいつ交代させられるのか、次は誰っていう雰囲気の中で仕事をしていた。あるいは、ここでレクリエーションで、さあこれから演芸会をすることになったときに、最初の幕開けをドクター抜きにするわけにはいかないんですよ。そんなことをしたら大変なことだと、それくらい気を遣っていたんです。そういうドクターの指示に従うという徹底した構造の中で、みんな自分の役割を規定してたんですね。

田中　そういう風潮って、特に精神科に強いってことはあるんですか。

向谷地　それは、たまたまかもしれませんが、そんな感じでしたね。

結局そういう中で、自分が治療とか社会復帰を助けるという役割を負ったわけですけど、私の現実が違うし、私から見るそれぞれの現実が違う。町のみんなが住みたくないと思っている地域で、具体的に私は、話相手がいない、友達がいない、仕事で困っている。まあ、大変なわけですよね。そういうことと、病気を経験したり、精神障害の体験をした人たちが地域で暮らしていくっていうことは、根っこのところでひとつながりのこととしてあるというふうに、私には思えてしかたがなかった。仕事があって、収入があって、それなりに役割を持っているにもかかわらず、私はこんなに生きづらい。この自分の感覚にこだわらざるを得なかった。私がそうであるということは、絶対、地域の人たちもそうであろう。それがここの人たちの現実だし、そういうことを抜きにして、この精神障害という病気で挫折感を抱え、実生活の上で困っている人たちとの暮らしというのは、考えられないだろうと思ったんですね。

そういうふうに規定すると、病気や障害を経験しながら絶望的な境遇にいるように見える人たちのほうが、圧倒的に優位な経験と立場を有した人たちであるように、私には見えてきたんですね。つまり彼らは、圧倒的に人間関係の中で押しつぶされてこういう状況に陥った。それを裏返せば、その彼らの経験の中に、むしろ私たちが経験できていない大事なメッセージ、大事なヒントがいっぱいあると。

何よりも、私自身が一番最初にぶつかったのは人間関係でしたから。もう、病棟の詰所に入ってね、ドクターと話ができないわけですよ。当時、ドクターは神様のような存在で、権威がありますし、看護師さんだって多勢に無勢ですからね。その中で、キャリアもない、名前も知られていない自分が一緒に仕事をするわけですから、何よりも自分の意見、考えを出していかなければならない。そのうち、順調に、人間関係に行き詰まって、誤解が誤解を生む悪循環の中で、結果的に少しずつ少しずつ、ドクターが私を毛嫌いしていく。気を遣って一生懸命コミュニケーションをとろうとアプローチすればするほど逆効果になる。結局、四、五年経ったときに精神科病棟から追い出されて、出入り禁止、相談業務をストップさせられて〝窓際〟生活をしました。

春原　その期間は、どこにいらしたんですか。

向谷地　私は、当初、精神科専属のソーシャルワーカーだったんですが、そこはたまたま総合病院でしたので、むしろ一般医療の方で相談業務を開拓する方向に転換したんです。ただしその一方で出入りを禁止された精神科の方は、べてるのメンバーさんとのつながりは絶やさずに、〝地下活動〟のような形でがんばっていました。

そういう経験を通して、人と人との関係における言葉の重さということを、私はひしひしと感じました。意図しているわけではなくても、それこそ関係のメカニズムの中で言葉を通じてその人の元気を奪ったり、病気にさせたり、あるいは人が志を得ていく、ということを本当に思い知らされました。そして、人ってこうやって病気になっていくんだ、人ってこうやって心身が疲弊していくんだということもわかって、べてるのみんなを身近に感じましたね。まさしく、「当事者」になったんです。

●べてるの家設立、自然体で暮らせるコミュニティーを目指す

春原　ところで、そうした向谷地さんの体験や思いと「べてるの家」とはどのようにつながっているのでしょうか。

向谷地　私が浦河の日赤病院に赴任したのが一九七八年四月のことで、それから間もない六月に、「精神科を退院した仲間で集まる機会をつくりたいんだけど協力してくれないかい」と岡さんというメンバーに声をかけられました。岡さんは統合失調症を体験しながら国鉄の職員として働き、ま

た精神科を退院した人たちの会である「どんぐりの会」の初代会長もなさった方でした。そのとき集まったのは四人で、焼肉とビールで座は大いに盛り上がりましたが、私が精神障害をかかえた人たちと自分なりに向き合い、浦河の現実を踏まえた行き方を模索するための重要なきっかけとなりました。この「どんぐりの会」がその後べてるの家へと発展していくわけですけれど、さきほど言ったように私自身は仕事の上では悪戦苦闘の連続でした。しかし一方で、「ソーシャルワーカーとは、精神障害を持つ人たちと、どんな時でも近所づきあいができる能力をもった一人の町民である」というこだわりも持っていて、その人たちと公私のへだてなくできるだけ接するようにつとめていたんです。

赴任した翌年の七九年四月には、浦河教会の一隅に住まわせてもらうようになり、さらに八〇年八月にはそこを正式に住居として借りて、どんぐりの会の有志メンバーと一緒に暮らすようになりました。やがて、八三年十月からは地元名産の日高昆布の袋詰め内職を始めました。これは、ただ一緒に暮らすだけでなく、障害を持つ人たちが自分たちなりのやり方で自活し、また地域にも役割を果たしていく手立てはないものかという思いが、形をとったものとなりました。そして、八四年四月には、どんぐりの会の有志メンバーと、私たちや地域の有志も加わって「浦河べてるの家」が設立されたわけです。

「べてるの家」と命名したのは、当時浦河教会の牧師であった宮島利光さんでした。「ベテル」というのはもともとヘブライ語で「神の家」という意味ですけど、宮島さんの念頭にあったのはドイツにある「総合医療・福祉施設ベーテル」でした。そこで展開されていた活動に宮島さんは共鳴していたのです。ベーテルは、ドイツ北西部のビーレフェルトほか数カ所にあり、てんかんをはじめとするさまざまな障害をかかえた人たちのための大規模な複合施設で、そこでは町ぐるみで障害者も共に暮らし働ける町づくりがなされてきました。施設の中には病院のほかに、障害者も働ける工場やオーガニック農場、職業専門学校、音楽・芸術学校などもあって、誰もが自分の能力を伸ばせる場所が用意されており、独自の通貨の発行まで認可されています。創設されたのは一八六七年にさかのぼり、地区教会の牧師によって「施しよりも仕事を」をモットーに創設されました。その牧師はフリードリヒ・フォン・ボーデルシュヴィングといい、どのような境遇にいる人にも人間としての尊厳があり、社会に貢献する力を持っているという理念の持ち主でした。ナチが政権をとったときには、優生思想に基づく障害者安楽死計画のターゲットにされ、施設は障害者を差し出すよう迫られたのですが、責任者の牧師は「生きるに値しない〝生〟などありえない」と言って、町の人々と一緒にナチの圧力に毅然として抵抗したことでも知られています。

「べてるの家」の設立当時の働くメンバーは四～五人ほどでしたが、現在では、組織は社会福祉法人となってメンバーは百人を超え、日高昆布の産地直送事業や介護福祉関連をはじめ、十年ちょっとで年商一億円を達成しました。地域の問題や現実と向き合い、また地域の特性を生かしていけるような仕事はないかと模索する中から、町の人々の協力を得ていくつかの事業化を実現し取り組んできた事業の中には、住宅改造、清掃、ごみ処理、引っ越しなどがあります。ただ、その歩みは順調というにはほど遠いもので、試行錯誤と挫折の連続で問題だらけ、町の人々との軋轢もあり、警察の厄介になったことも数知れません。

そうしたなかで何とか活動を支える力になってきたのが「ミーティング」と称する話し合いでした。べてるでは「三度の飯よりミーティング」がモットーとなっていて、何かあれば……、いや何もなくても、とにかく話し合いをします。それには、事業の経営方針の決定からメンバーの妄想や禁煙の悩みまで、いろいろな形の話し合いがあるのですが、一か月に百回ぐらいはあるでしょうか。べてるのメンバーには、統合失調症、アルコール依存症、うつ病など、社会生活の基本となる人間関係のところで深刻なもろさを抱えた人たちが多く、そうした人たちにとってミーティングは自己表現・自己認識の場であり、支え合いの場でもあるのです。新来のメンバーは、はじめはその率直な話し合いに戸惑い、ついていけないのではないかと思う人もいるようですが、やがて否応なしに言語表現能力を鍛えられます。

そこで大切にされているのは、自然体で暮らし仕事をすることで、気が向かないのに無理に仕事をすることはないし、無理して頑張っている人がいると「あの人はきっと順調に病気になるよ」と言われ、実際にそうなります。べてるは病気を治すところではなく、病気を活かすところですね。薬の力を借りて症状を抑え、仮にうわべだけは社会復帰できても、その人がコミュニティーの中で自立した生活を実現することは難しい。それよりも、「その人がその人らしく生きていけるようにするにはどうすればよいか」ということを第一義的に考えたときに大切なのは、病気を抑え込むことではなく、病気も含めてその人の人格として受け容れ、そこで自然体で生きていけるようなコミュニティーをつくっていくことではないかというのが、私がたどり着いた結論めいた思いです。

前の話に戻りますが、当時の浦河赤十字病院精神科は、よそにくらべるとかなり開放的な姿勢の医療を行っていたのですが、それでも患者が近所の店に買い物に外出しようとすると三日前の外出届を義務付けられるなど、基本的なところは他の病院とあまり変わりませんでしたね。当時のドクターからすると、私がしようとしていたことは、当時の精神科医療の常識から言うとかなり外れていたということです。結果として、私は出入り禁止になりましたが。

そのなかにあって大きな救いとなったのが川村敏明先生との出会いでした。川村先生は私が浦河に来た三年後の一九八一年に精神科の研修医として浦河赤十字病院に来て、二年間の研修を経て札幌の病院勤務となり、一九八八年からまた浦河で勤務なさっています。川村先生も、「患者自身の立場に立ったときに、精神科医が病気を治すことが本当に患者の幸せにつながるのか」という問いかけを絶えず自身につきつけながら患者さんと接していました。結果として、「治さない・治せない精神科医」である川村先生と、相談を受けるのではなく、私の方からメンバーに「相談するソーシャルワーカー」である私のコンビが生まれたわけです。

のちほど川村先生がこちらへ見えると思いますので、詳しくはまたそのときに……。

●人助けは「人を助けられないこと」を受け容れるところから

向谷地　さきほどからお話ししているように、私の仕事への取り組み方がもとになって冷や飯を食わされてもがいていたときに、浦河で一番話を聞いてくれたのが、マイノリティーの人たちだったんです。私は浦河で教会に通っているんですけど、浦河の教会で一番お世話になったのがアイヌの人たちであり、在日の人たちだったのです。

田中　在日の人たちは、かなり教会に行っているでしょう。

向谷地　それには歴史的背景があって、北海道では、太平洋戦争中に朝鮮半島から多くの人々が十勝のほうに労働者として連れてこられたのです。それが終戦になると多くの人たちが日高に逃れてきた。十勝から見たら日高って温暖なんですよ。その人々をアイヌの人たちがふもとのコタンにかくまったり、アイヌの人と一緒になって家庭を持ったりしたんです。

田中　かなり、そのコタンがあるんですか。

向谷地　あったんですね、当時はね。

田中　あった?

向谷地　今は、一見同化しているように見えますけど、内情がわかってくると事情は複雑です。私が出入りした教会は牧師さんもいないような教会でした。そこの役員をやっていた方が私の話を聞いてくれたんですけど、お父さんが朝鮮人でお母さんがアイヌの人でした。それは私が二三、四歳ぐらいのときのことでしたが、その教会に通い詰めて話を聞いてもらった一方で、アイヌ民族の人たちの生きてきた困難な歴史とか、この地域では一番大変な立場に置かれた方のことも知るようになった。

田中　そうなんですか。

向谷地　アイヌの人たちにはアルコール依存症が多かったですよ。多くの家族、大人がみんなアルコールで倒れていく、そして、それを何世代にもわたって繰り返していましたね。その役員さんのところに遊びに行くと、お母さんがアルコール依存症でしたね。

春原　その頃はもう、べてるの家での共同生活を始めてらしたわけですね。

向谷地　はい、そうですね。それから、私がこだわったのは、むしろ一緒に暮らす、一緒に地域の中で生きているっていう、この感覚を私自身が取り戻すということでした。病院での医療という場だと、白衣着て治療しますという形になる。こちら側に迎え入れ、私たちが全然地域で暮らすという実感がない中で、病気をした人たちを管理するような形で治療を仕返す。それって絶対変だ、こんな形で社会復帰とか回復というのは起こりうるはずがないと。私が職場の人間関係とかで苦労し始め、また精神障害で統合失調症を経験した人たちとつき合っていたら、ものすごくつき合いづらいし、彼らのことを理解しがたい。そこの関係のとりづらさっていうことを考えたときに、本当にこれはもう一度、関係ということにこだわり、一緒に暮らしている同胞としての関係を取り戻すことが必要だと。

私自身、どんぐりの会以来のメンバーである佐々木さんたちとべてるに住んで、まさに関係に苦労したんですよ。佐々木さんが調子の悪いときにはどう対処したらいいのかわからない。メンバーに殴られたり、いろんなことがあったりして、改めて、だからこそ彼らは地域で孤立してきたのだと、体で感じた。そうなるとなおさら、私が共に生きられないでいるものを、地域の人や家族の人に理解しなさい、受け容れなさいなんて言うことはできない。足かけ三年一緒に同じ屋根の下で暮らしたんですけど、結局残ったのは、「前向きな無力感」でした。もっと正確に言うと、ある種の力の抜けた状態ですね。

このあたりの感覚は、アルコール依存症の人たちがものすごく多くて、駆け出しの新米だった私はあっちの家族、こっちの家族と、酒を飲んではドンパチドンパチやってる家にがむしゃらに飛び込んでいったわけですよ。特にアイヌの人たちは家族や親せきみんなが、アルコールに侵されトラブルが無い日はないような暮らしをしている。そのような中で暮らす子どもたちがいっぱいいて、その子どもたちのために、当時の牧師夫人に応援をいただいて土曜日、仕事が終わってからワゴン車に子どもたちを乗せて川遊びをしたり、学習支援もしました。そういうことをする中で、喧嘩に首突っ込んで、そのとばっちりで殴られたり、恨まれたりして、すっかり疲れ果ててしまいました。

そういう中で思ったのは、アイヌの人たちは、五〇年、百年の単位で家族崩壊の歴史を繰り返してきたのだろうし、私はそのひとコマひとコマにただ立ち会っているだけだと。なにかこう正義の味方のようにね、これをなんとか自分が解決してやろうとか、解決しなきゃならないと走りまわっていたのと、自分が職場であった精神科を追い出され、相談業務を禁止されたとき、アイヌの人たちや精神障害を持った人たちの苦労に少しだけ近づけたような気がしましたね。

だから、逆にそれがよかった。そこでわかったことは、「助けるってなんだっけ」という問いと、「それはもしかしたら、自分が助けられないということを受け容れることだよな」ということ。僕が助けられるようなことでは絶対ないし、医者が治すことでもないし、治すとか治さないとか、そういう次元を超えた、お互いの暮らし方、生き方そのものでしかないということが、それこそ体でわかった。

田中　そこはまた、実は、日本語教育とすごくパラレルに考えられるんですよね。つまり、例えば地域社会で、アジアから来ている外国人女性たちに対して教えている先生たちというのは、挨拶だとか買い物に必要な会話であるとか、住んでいるコミュニティーで何とか最低限暮らしていけるような日本語を教えているわけです。それはちょうど、医者が風邪をひいた患者さんを、とりあえず熱を下げて普通に食べられるようにと治療するのと同じようなもので、それでは、家族や地域コミュニティーの中で最低限サバイバルしていくだけの日本語はこなせても、自分の声を持つことはできない。つまり、家庭内での悩みや人間関係の葛藤から生じる思いを、母語ならば吐露できるのに、日本語では表現できない。社会的に理不尽な扱いを受けても、それをまわりの人にわかってもらえる言葉を持てない。子どもができて学校に行くようになると、学校からの通知に書かれた意味がわからないし、提出書類を書くこともできない。ましてや、自分の意見であるとか、自分自身のアイデンティティーを主張できるような言葉は、日本語では発せられないわけです。そういう彼女たちの窮状を見かねて、今度は日本語を教えるだけではなくて、むしろその彼女たちの支援活動をずっとやっていく、そういう人たちが出てくるわけです。ところが、ずっとその支援活動をやっていくと、そのやっていく人のほうが疲れてしまう。離婚裁判だとか、子どもの学校のこととか、そういうようなことに首を突っ込んでずっと駆けずりまわり、それを何人もの人たちを抱えてやっていくと今度はそれに完全に疲れてしまう。そのあたりは、ほとんどパラレルに考えられるんです。

●弱さや問題をかかえた人を生かす中に豊かさが育まれる

春原　私はもうひとつ、すごく感じたのは、本の中に「努力」と書いて「ムリ」とふりがながふってあって、教育の世界もみんな一生懸命することに関しては無前提に良いという発想があって自分にも努力を強いるし、相手にも努力を強いる。そうすると努力できない人がどうしても、下の序列になってしまって、落ちこぼれていくっていうことに関して非常に厳しい競争をつくってしまう。そういうことを、教育者自身もやっているし、受ける側にもそれを強制していて、それから降りるっていうことがなかなかできない。そのあたり、どうやって、いや出来なくてもいいんだよっていうような場をつくっていけるかが大きな課題だと思うんです。

それを直接的に感じたのは、今そこで裏庭を見ていて、ビデオの中で、ちょうど川村先生があそこにいて、花壇を作っている人たちがいて、そのわきでタバコを吸ったり遊んでいる人たちがいて、川村先生が「ああいう人たちがいるから、その場が豊かなんだよ」ということをおっしゃるシーンを思い出したんです。まさに教室という場も、一生懸命勉強している人たちもいるし、向こうで寝ている人もいたり、違うことをしている人もいる。そういう場が全体として、むしろ教育を豊かにするんだっていうような発想ができないのかなっていうことをすごく感じてまして、そのことが思い浮かんできたのです。

ちょうど川村先生が見えたのでお伺いしたいのですが、ああいう場で、何もしていない人っていうのがその場を豊かにするっていうことに関して、お話いただければと思うんですけれど……。

川村　僕がここへ来て二一年経ったんですけれども、どのあたりから自分の中にはっきりそういう思いができたのか、今ははっきり思い出せません。だけど、向谷地君と僕は初めて二一年前に会ってから、精神病の人がいて、その症状を軽くしたり取り除いてしまえば、それで治療として完成したといえるような、そんな単純なものじゃないんだろうということは、なにか漠然とながらも認識を共有していた。

医者の仕事という意味では、症状を軽くして病気じゃない方向へ近づけるというのがまず大事だというのが一方であるわけです。でも、当時は今よりずっと暇な時間があったので、とにかく話していたわけです。彼のほうが、この土地に四年前に来ていたので、病院で働く情報、精神病の人たちの情報なんかをいっぱいもらうわけです。ただ、それだけにとどまらず、精神病の人たちのある種、人間観も伝わってくるっていうのがあったんですよね。その人間観に非常に共鳴するものを感じたし、病気であるということと同時に、精神障害を持っていて生きる、暮らすっていうことにはらまれる問題が非常に大きいということにも気づかされた。

だから、ただ表に見える問題だけをみて、それを解決すれば、なにか良い状態になるっていうような単純思考じゃこの世界見えてこないということは、かなり早い時期にわかった。そういう中でミクロじゃなくて少しマクロ的に、時間の経過も今だけでなく、過去とか将来にわたった幅と深さでものを見ていく必要がある。ビデオでご覧になった場面を見てもですね、いわゆるいいと言われる場面だけ見て、そこだけが意味を持つかというと、そんなことはない。プラスがあれば必ずマイナスがあったり、一見マイナスがあれば、そのマイナスと共につきあって生きてきた必ずプラスと見ていい部分があるはずだ、という発想を常に心がけてきたんですね。

田中　お医者さんが患者さんというひとりの人間に対するときに、その病気なりなんなりを欠損という形で扱うというのは、実は日本語を教える場合とか、一般の教育でも似たところがある。ひとりの学習者が日本人と同じようには日本語ができない場合に、その間のギャップをどうにか埋めてやろうという発想で対するのは、それとどこかでつながっている。

でも、人間ってひとりではないし、ひとりの人間にとっても、プラスの部分とマイナスの部分といろいろなものを含んでいるし、しかも、その人間が生きていく中には、まわりにいろんな人間がいて、という発想というのは、実は教育の中にはすごく少ないんですよね。たぶん医療もそうなんじゃないかなという感じがするんですけれども。

川村　同じでしょうね。何か病気があれば病気でない状態にする、不十分があれば不十分でない状態にする。

田中　しかもそれは、ひとりの個人についてですよね。

川村　はい。

田中　あるひとりだけの人間を取り上げてみると治療としてはうまくいっていないかもしれないけれど、あるグループとして見たときには、それが一段階上にいっているっていうことは、充分ありうると思うんです。けれども教育の場って、まわりの何人かが一緒になって、今の状態よりもう一段良くなるっていう発想がなかなかできない。

川村　べてるの歴史を振り返ってみると、非常にいろんな問題、失敗があった。要するに、発展の中に、問題があるたびに発展したっていうことが、僕らの意識を変えていく上で非常に大きかったような気がします。常にその場で笑いがあってユーモアがあって、われわれに勇気が湧く。相変わらず問題があり続ける彼らがいて、そうすると治療者としての私たちの力はこんなものですよという、ある種の現実を見せつけられるわけです。毎回、いろんな場面でやぶ医者なわけですよ。精神科医ってそんなもんだろうと僕は思っているんですけどね。だけど、医療の世界の中では、その精神科医の無力とか、医療の無力が見えないように、怪しげなことがいっぱいあるわけですけれども……。

そういう努力を放棄したっていうか、べてるは問題だらけ、われわれも問題だらけっていうところでしか現実と向き合えない。僕ら的には、ずいぶんいい加減だったんですけれども、ある意味で科学的だったとは思いますね。私たちの治療観、世界観が、いわゆる世間の常識とは違うわけですよ。

田中　ただ、その結果として、たぶん私が重要だと思うのは、べてるを構成する個々の人間ではなく、かつ向谷地さんや川村先生でもなく、べてる全体が日本の社会の中で、ある声を持ったということですよね。

川村　それは、大きいことです。

田中　われわれが接する外国人の女性だとか、帰国者の子どもたちだとかは、学校にもなかなか行けなくて、もちろん日本語で読んだり書いたりもできない。でも、そういう人たちが、誰かが本を書いたというような形でなくても、社会的に声を持つということは、たぶん可能だろうと思うんですね。それは、ひとりの人間がどうこうするということではなくて、まわりにいろんな人たちがいて、しかもその人たちが単に助けるとかいうようなことでもなくて、教える側の教師、あるいは支援者でもいいんですけれども、そういう側の弱さみたいなものをその人たちと共有していくことで声を持つということが、理想に近いのではないかと感じているんです。そのあたりのことを、実はこちらで学びたいという気がしているんですけれども……。

向谷地　そういう意味では、私が当時者運動、当事者活動の中で一番感じたのは、この精神障害を持つ人たちが、やはり本当の意味での声をあげる、言葉を持つことの大切さだったんです。しかし、当時の当事者運動は時代的に、どちらかと言うと要求運動や政治的な糾弾や闘争的な傾向がありましたね。

田中　基本的にプロテストですよね。

向谷地　ええ、差別や偏見との戦いですね。

田中　実は、まわりがそういうふうに仕向けてきたのかもしれませんね。

向谷地　精神障害を持つ人たちが置かれた歴史的、社会的状況を考えたとき、闘争的に変革を起こしていこうとする考え方は、理解できないわけじゃないけど、そういう運動の限界というものを私なりに感じました。というのも、いわゆる病気という経験の中に社会が学ぶべき圧倒的に優位な知恵とかなにかが、絶対にあるはずだと思うようになったからです。この人たちは、私たちが学ぶべき意味ある経験を生きていると思ったからなんです。

●幻覚・妄想を大切に、偏見差別大歓迎、話せる仲間がいて世界が変わる

田中　治療する側とされる側というような圧倒的な力関係の中にいながら、実は病気になっている人のほうが上に突き抜けていたというような具体的な体験がおありですか。

向谷地　先に話したように、私が順調に職場の人間関係に行き詰まって病棟に出入り禁止になったばかりでなく、相談を受けることも、接触も禁止されたときのことでした。その影響で、ちょうど全道の当事者が浦河に集まり交流するイベントの企画が進んでいましたが、それも中止に追い込ま

れたんです。職場の中に居場所がなくなって、精神科病棟から追われて、それこそ、受付の後ろの事務室の窓際に机を一つもらうことができたとき、私の中に沸々とわき上がってきたのは「メンバーに相談してみよう」という思いだったんです。当時の私は、ソーシャルワーカーとして、困りごとの相談を受けることがほとんどの状況の中で、不思議とメンバーに相談できることが、本当にすごくうれしかったですね。現在、べてるの理事長も務めている佐々木実さんに、私は一番負担をかけたと思いますね。せっかくみんなと準備してきた全道交流集会が中止になったばかりでなく、私に出入り禁止を言い渡した医師が佐々木さんの主治医でもあったわけですから、佐々木さんは間に挟まれて辛かったと思います。私は、率直に「佐々木さん、本当にすいません。仕事がやんちゃなものですから、こんなことになってしまいました。それでも、佐々木さんから伺っていた職場の人間関係の苦労話が、すごく役に立っています。今度、いろいろと相談しますので、よろしくお願いします」そう言って、私は佐々木さんに相談することができました。なにせ、人間関係で苦しんだという意味では、佐々木さんのほうが私よりもはるかに深刻な事態を生き抜いてきたわけですから。そう思ったときに、佐々木さんたちが障害者で相談する人、私たちが専門家で相談にのる人という関係は消え、そういう切り口では計り知れないものでつながっていると感じました。そういう経験が積み重なり、どんなに問題だらけでも、彼らと話をしたり一緒にいるときが、私は一番心地よくて安心できるようになりました。

川村　べてるの家は古いというよりも〝廃屋〟に近く、あの建物を知る人は危険家屋って言っていましたが、そこで、精神科を退院してきた人とべてるで生活をしている人たちを中心に、毎週ミーティングをしていました。そこでは、退院してきた人たちがそのときの入院・退院の経験を披露してくれるのです。入院前の状態の悪いときの状況をみんなが知っていて、「あの状態の悪いときって、いったい何が起きていたの？」というようなことをみんなが本人に聞いて、それに応えて本人の言葉で説明するわけです。そこでまわりは、あのときの様々な奇妙な行動や失敗は、そういうことだったのかと……。和やかな雰囲気の中で本人による実話を聞くと、面白くっておかしくって、人の失敗や人の不幸はこんなに面白いのかというくらい。

ところが、こういう話は治療の場では出ないんですよ。生活の場でのミーティングに僕がたまたま参加したから聞くことができたので、病院における先生対患者の一対一の診察場面だったらそんな話はまず出ない。非常に豊かな話題、興味尽きないエピソード、そして何よりもみんなの表情が生き生きとしていて、聞く人たちが聞き上手で、すごい盛り上がり。だから、語るということの下地がずいぶん出来ていて、あのミーティングの場面でパッと花開くような感じですね。僕はそのミーティングでわくわくしていました、いますごいことが起きてるって。

そのとき、たまたまべてるの総会が間近になっていて、こういう話をこの場だけにしておくのは実にもったいない、これこそがべてるの一年の収穫じゃないか。この収穫を披露するために、幻覚・妄想大会というのを始めたらいいんじゃないか。世に出すべきだと。もう、みんなキラ星のように光る瞬間ですね。そんな話をみんなとしていたら、こんな話が大会になるなら、一番面白い話をした人はチャンピオンだなって……。その話を聞いていた人たちが、チャンピオンになれるんだったら自分も違う話があるって、次々みんな手をあげて話し出した。ただその病状の強さを競ったんじゃないんですよ。世間でそんな話をしようものなら、妄想か気がふれたと思われてとり合ってもらえない。そういう苦労をした人たちが集まって、全体として応援されている、認められている、受け容れられているという、そういう共感が息づく場が生まれていたわけですよ。一生懸命苦労をしながら生きてきたにもかかわらず、病気があっていろんな心配があって、でもなんとなくみんなよくやってがんばってきたんだよなと……。

ですから、病気という否定的な要素よりも、むしろそのマイナスかもしれないものと付き合ってきたプラスがすごく見えてくる瞬間で、それこそがべてるの収穫であるし、その年から幻覚・妄想大会が始まって、ずーっと続いているんですよね。幻覚・妄想大会のグランプリをもらうということは、アカデミー賞の主演男優賞をもらうような、スタンディング・オベーションの雰囲気です。非常に価値あるものをもらったという。そこまで育ってきたというか、やっぱり重みがあるものになってきたなという感じがします。

春原　G&M（幻覚&妄想）大会と、もうひとつすごく大きな意義があると思ったのが、偏見差別大歓迎大会が開かれていて、あれは一見健常者といわれている人たちとか、障害者といわれている人たちの枠を超えていますよね。あれ両方とも持っているんだよね。

川村　あれ、第一回目、面白かったですよ、町の人と一緒になって。あの頃でしたね、病名も公の場で話し始めたのは。

自己紹介をしようということで、一番目の人がアルコール依存症の人だったんです。アルコール依存症の人は、AAという自助グループにいつも参加していて、病名と名前を言うように普段から訓練されているんです。一番目の自己紹介の人がアルコール中毒だったので、二番目の人も、「あっ、病名も言うのか」ということで、分裂病と。町の人はといえば、病名無いじゃないですか。一番困っているのが、肩書きが無い人ですよね。町の人は一町民として来ていますが、そこで障害のある人たちはみんなが立派な肩書きを言うわけです。堂々として実に穏やかに笑顔で、分裂病の〜、入院中の〜です、と。

偏見差別大歓迎という題目と同時に、出てきた患者さんたちが堂々と自分を語れる存在の大きさに驚愕した瞬間です。町の人たちとの出会いの中に、大きな一歩があったなと。ときにはマイナスの、こういう問題あってほしくないなというようなときでも、大きな足跡を残したりですね。

向谷地　べてるって、ほんとに「無計画」なんです。不思議なもので、べてるは信じられないくらい行きあたりばったりで、ワイワイ、ガヤガヤの中で突然決まっていく。長期的な計画を立ててもね、そういうことは絶対うまくいかない。いつどういう出会いがあるかわからないし、いつどういう思いつきがあるかわからない。いろんな可能性があるときに、まずどこかにポッと芽が出る。そういう自律的なうねりというものが、自分たちのこの場にあるんだということさえ信じていたら、本当に楽だし、あまり計画的に進めない方がいいなと、経験的に。

いろんなことをイメージしますよね。こんなふうになればいいな、あんなふうになればいいなと思っていても、それとは別の形で必ずこう突然道が開かれるんです。突然、いわゆる問題が起きてくる。そこにある種の必然性をもった道が開かれる。その一方で、べてるでこういうことがあればいいね、やるかと言っていても、次の日に変わっていることはよくある。

川村　真面目な人ほど腹が立つし、真面目な人が一番弱いですね。何もかも崩壊します。誰が決めたのかとか、俺は聞いていない、そういうことにこだわる人は生きていけないですね。偉い人はダメなんですよ。だから医者はもう転落の一途ですね。(笑)

俺は聞いていないという人はよくいますけど、それは情報が届かなかった運の悪さを嘆くしかない。医者である自分のところに何で報告がないんだと思いだしたら、もうそれで終わりです。つまり、求めていないところには、残念ながら情報が来る確率は低いよと思っていないとまずやっていけない。そこに医者が何かの権限を振りまいたりして、かえって情報と出会えない状況をつくってしまうようなら、何のためにここで精神科をやっているのかという、自分自身への根本的な問いかけを突きつけられたと受け止めたほうがよいと、僕は思いますね。

ここにいると、医療って何だ、精神科医って何をしていたんだろうって考えますね。ここだから見えてくることがあるんですよ。まず受け入れなくてはならない問題とそれぞれが出会って、そういう中で、ここで何が現実的に可能なのかを突き詰めていくしかない。われわれが笑っているっていうことも、ある意味で極めて現実的なことでして、笑わずに成果を出せるところはそうやっているんでしょうけど、僕らは笑うしかない。ときにはあきらめるしかない。笑うくらいで足りなかったら、笑い転げなくてはならない。そういうことが、僕らがしてきた現実だったんだろうなと思います。大事なことは、昇っていくのではなくて、降りていく中にある。そういう姿勢をみんなが共有していた。いろんなところから成果が出てくるし、どこから成果が出てくるのやらというワクワク感はいつもありましたね。だいたい弱そうなところから出てきますけど、急に何か失敗があったりすると、何かいいことがある始まりだと。そういうところにわれわれが勇気づけられたり、そういう意味で元気づけられたり。

春原　ビデオの中には、ここでは名前を出せないので仮にAさんとしておきますが、圧巻としか言いようがない人物が登場しますね。入退院や逃亡を繰り返し、盗みはするわ、無銭飲食はするわ、自傷行為、自殺未遂は日常的で、しかし憎めない人物が。病院やべてるをあげて社会復帰大作戦を敢行するが結局転院させられてしまう。Aさんは、役に立つって何なのかということを大きく問いかけている。Aさんがいなくなったあとの向谷地さんも川村先生も、嵐のあと海岸に流れ着いたような虚脱感に浸ってらっしゃいますよね。私もみなさんにすごく共感できて、役に立つということは何だって問いかけてきた人のような気がして……。

川村　Aさんの存在はね、多大なる足跡を残してますね。皆が考えなければならない場面を彼がどれだけ提供してくれたか。いろんなマイナスに見えることも非常に大事にしていこうという思いが今もどこかで底流のように流れているというのは、彼だけではないけれども、特に彼が投げかけてくれたものが大きかったですね。

ミーティングの場面でも、Ａさんがいるとすごくいいミーティングができるんですよ。だってみんな真剣に考えるし、考えながらね、笑いが湧くじゃないですか。思い出してもおかしい。

春原　すごいのは、大いに迷惑をかけるというところが、役に立たないどころか、みんなに豊かさをもたらすんですよね。

川村　あの場面を見ている人たちは、迷惑をかけるＡさんを見て、あの人はだから単純にダメな人、苦手な人とは思わない。なぜかというと、彼を排除し、次に迷惑かける人を排除していくと、いつか自分に順番がまわってくるわけですから。排除したい気持ちが一方にあっても、どうやってこの人を受け容れたらいいか、皆探しているんですよ。時間がきて、皆の意見が出尽くしたところで、どれもべてるだ。どの思いも隠してはいけない、どの思いも言わなければと、そう思わずにはいられないという思いにさせてくれる存在ですよ。彼は、いわゆる普通はこうだと、その普通だけではやっていけない思いをわれわれに強烈に与えてくれた人ですね。

●専門性を生かすために専門性を脱ぎ捨てる

向谷地　浦河では年月が経つなかで、病院の役割、専門家の役割というのは、非常につつましいものになりましたね。無制限に広かった専門家の守備範囲は、撤収に次ぐ撤収というか。（笑）

田中　ほんとに専門家って何なんですかね。

川村　ものごとをわきまえなきゃいけないということかもしれませんね。どういう出番で、どのくらいの思い入れで、どの役割を使ってとか……。そういう意味では、医療の場面がひとつのドラマだとすると、昔はいつもステージの真ん中に白衣を着た医者がいたんですよ。もうね、少しも面白くないドラマなのに、でも真ん中から医者を動かせなかったんですよ。ところが、医者がステージから降りて裏方に回ると、とたんにドラマが生き生きと回転し始める。このドラマが動くには、どこかに医療の支えも確かにあるけれど、客席から見えないところでその存在感をどう作っていけるかというようなところでしょうね。

田中　医者にしても、ソーシャルワーカーにしてもそうかもしれないし、あるいは言葉を教える教師にしてもそうかもしれないけれども、自分がずっと培ってきた武器みたいなものを、殻を脱ぎ捨てるようにどんどん捨てていかなくてはいけない。そこで、われわれの場合だったら学習者と、皆さんの場合だったら病気を持っている人と、ある意味では同じか、それよりも下の立場みたいなものに一回なってみないといけない。だからと言って、最初からそういう専門家がいないという状態は、やっぱりたぶんうまくないわけですよね。そういうある専門性をもった人間が、その専門性を脱ぎ捨てていくということが必要である一方で、専門性をもった学生を作らなくてはならない。で、ここで今研修に来ていらっしゃる人がどういう勉強をしているのかよくわからないけれど、そういう専門性を身につけ、かつまたそれを一回脱ぎ捨てることができるかどうかというあたりは、どういうふうに考えていらっしゃるのでしょうか。

向谷地　そもそも専門性ってそういうものだというそのつつましさ、あるいは自分のこらえ性みたいなものが、専門性を支えている基盤なのかもしれない。そういう意味では、私も駆け出しの頃は個人的な情熱とか正義感で突っ走って、いろいろやり尽くしたあげく、現実の力で適当なラインまで押し戻されたところで、ちゃんと撤収ラインまで下がって受け入れて、やっと自分の守備範囲はここでいいんだと思えたというようなことがありますね。

田中　ちょっと話がずれてしまうかもしれませんが、それはいわゆる臨床の場の専門性だと思うんですね。それとは別に、臨床から離れたところで研究に明け暮れているという専門家も世の中にいるわけですよね。そういう人たちが、自分たちは研究するんだという立場でべてるに来るということはありませんか。

向谷地　そういう意味での研究者の人は、いっぱい来ますけどね。この前も、国立の保健関連の研究所の方が来ました。その方たちはむしろ統計的な調査が目的で……。ただ話が合っちゃって、一緒に調査しましょうということになりました。研究リーダーが北海道出身の方ということもあって、べてるの活動と地域のつながりに、経済的なことも含めて非常に関心を持っていました。そんな具合で、調査に来る人の関心はさまざまですけれど、べてるの活動に興味を持ってもらえているのは確かですので、その人たちのテーマと私たちが提供できるものが合わさって新しいものが見えてくるのに役立つならばということで、そういうものも大いに利用させていただこうと思っています。

●患者が自らの症状と処方を探る当事者研究

向谷地　「研究」という話が出ましたけれども、べてるの内部で「研究」というと、まず「当事者研究」のことになりますね。例えば、統合失調症の人がいて精神科医にかかっているとすると、精神科医が患者の症状を分析し研究して何らかの治療なり患者への対応を考えるというのが、常識的なあり方です。しかし、べてるでは、当事者自身が起きている苦労のパターンを見極めて自分自身の症状を分析したり、それをいったん他者の観点に立って皆の前で発表して、それによって距離を置いて自分自身を捉え直そうということを試みています。それを「当事者研究」と呼んでいるんです。

　この当事者研究は専門家からも注目されるようになったのですが、はじまりは一人のメンバーの『爆発』の研究」と題された研究でした。彼は、十代の後半頃から感情の爆発を抑えることができず、親やまわりの人を殴ったり、食事のときにちゃぶ台をひっくり返したり、果ては、住宅ローンが払い終わったばかりの自宅に火をつけたりして、その結果精神科病院に強制入院させられました。しかし、本人は、自分を見つめる力は十分にあって、ご両親が自分を愛してくれていることはよくわかっていたし、爆発のたびに反省もしていました。ただ、爆発の衝動を自分でコントロールすることはできなかったのです。

　べてるにやってきた彼に私はこう提案してみました。「自分の苦労をよく見極めなければいけないね。だけど、もっと自分に深く迫る方法として、〈研究〉という方法があるよ」と。この〈研究〉

ということに興味をそそられたのか、彼はまず自分のことを人に話すことから始めて、爆発のメカニズムとまわりの人の反応を客観的に描きだし、爆発を抑える処方箋も記した研究をまとめてくれました。研究という形で自分を外在化するスタンスをとることによって、それまでの反省が自分のプライベートな枠内にとどまっていたものを、他の人にもわかってもらえるようなものに変えることができたのです。さらにそれにとどまらず、研究内容が普遍性を帯びたものとなって、同じような生きづらさをかかえて爆発している人たちが問題に取り組むための手がかりを提供するものともなり、励ましのメッセージともなったのです。

川村　この当事者研究は、精神科の世界において「研究」という言葉に重みをもたらしてくれたと思いますね。従来は、患者というのは研究される対象としか思われていなかったのに対して、患者本人が研究主体になりうるということを、身をもって示してくれた意味は大きいですね。患者本人が自分自身に注目し掘り下げる中から道が開けてくる。さらに、ある病状が発現するのにはいろいろな人が関わっていて、そこに時間の積み重なりのようなものもからんでくる。そういう広い視野から見なければいけないという認識が芽生えてきて、雰囲気が大きく変わってきた。

札幌で開かれた精神科医の集まりで彼に発表してもらったのですけれど、患者本人の立場から医師が勧める治療法とは異なる治療法が提案され、その理由説明もあったものですから、ショックを受けた精神科医もたくさんいたみたいです。ただ、病気をかかえた当の本人が病状を客観的に捉え直し、治療方法も提案するという、そういうようなレベルの研究を実現するのは、そう簡単ではないでしょう。

向谷地　当事者自身が取り組む当事者研究って、ものすごく実用的で、専門家の研究よりも圧倒的に訴える力が強い。

川村　使う人から出てきた言葉だから、すぐ使える。

春原　病院もだいぶ変わってきましたか？

川村　いや、大いに変わった。ことにわれわれの場合には、治療の場面ではもちろん、患者さんが入院してから退院に至るまでの間に、いろんな問題点が見えてきたり、ひとつの成果を確認し合ったりするときに、退院したべてるのメンバーが常にそこにいますから、皆が口出しするわけです。経験者としての意見が常にそこに反映されていて、一貫して病院と外とのつながりが保たれている。だから、専門家が妙な形で専門家になり過ぎて、治療をブラックボックスに入れないように……。

田中　ブレーキがかかるようになっている？

川村　ええ、何が最も有効なのかということを、皆が判断できるような可能性が開かれている。最終的には医者が責任を取らなきゃいけないでしょうけれども、といっても医者は場を支配する係ではない。外との風通しがよく、そういう意味では望ましい形になっているんじゃないかな。

それから、退院していくときに、先生のおかげでという人をみると、あっ失敗したと。こんなことを言わせてしまうような入院だったのか。これはやっぱりね、まずい、また入院してくるなってわかるんですよ。つまり、先生から言われたことだけを黙ってやって良くなっただけで、先生のおかげと言われたら、患者は先生の方を向いているだけで、両者の間は一本の糸でしかつながっていない。私自身はもっと違った回復の仕方をした人たちを見ていて、その人たちの良さっていうのは、先生のおかげというよりは、友だちが増えたとか、みんなの話を聞いてこういうふうに役に立ったとか、まあその中で先生もどこかで役に立ったかなと言えるくらいのときに、彼らの暮らしぶりが、やっぱり違ってくるわけですよね。

先生のおかげという糸一本だとですね、糸が切れたときにだいたいもう再入院。あるいは、薬の効きのあまりいい人っていうのも、僕的にはあんまり望ましいとは思っていません。僕が考えるいい状態というのは、薬だけでは不十分だけど、まわりの人の力があって暮らせているっていう人で、そのほうがはるかに内容があるなっていう気がします。

●弱さの教育、苦労の教育の必要性

田中　最後にひとつお伺いしたいのですが、さっきアイヌの人たちにアルコール依存症が多いという話が出ましたよね。で、そのアルコール依存症なんかは少なくはなってきているんですか。

向谷地　全体としての依存症というのはけっして減っていないでしょうね。

川村　減ってないですね。そして、依存症はアルコールに限らないという広い視点から見て、依存とは嗜癖行動だとすると、嗜癖の内容が多彩になってきているんです。病気であるとは思えないよ

うな、ルイ・ヴィトンをいっぱい持っているとか、グッチがどうだとか、シャネルはどうだとかいうある種の買い物依存であるとか、あるいはギャンブル依存、薬物依存もそうですね。

田中　それがアイヌの人たちに多いとか少ないとか、今でもある程度は言えるんですか。

川村　これもですね、問題は親。繰り返すようですが、親がアルコール依存だった人にどうしてもアルコール依存が多いんです。そう考えると、同じようにアルコールという形にはならなくても、親と似たような人間関係の問題、生きにくさを抱えて、親はアルコール依存で、子どものほうは借金地獄、サラ金地獄になっているというケースはよくあります。見た目はちょっと違うんですけれども、生きる上で問題を抱えてわれわれのところに親の代から今度子どもの代になって現れるというのはそんなに珍しくない。だから、本質的なところで減っているとは言えない。親についてきていた子どもが、二五年くらいたって成人してから自分の問題をかかえて新たに相談受けに来る。私は、全然問題ではなくて、順調だからねって話しかけるんですけど……。

向谷地　この子どもたちがアルコール依存症にならないように何とかしようと頑張るよりも、「なるかもしれないから、そのときは早く相談に来いよ」という姿勢で対応しています。そうすると、親たちのときは四〇代、五〇代になってボロボロになってから来ていたのが、今は二〇代で来ますね。

川村　若いうちに来るというのは、いいことなんですよね。二〇代で来るというのは、SOSを求めるセンスが子ども時代に育てられていた、蒔かれた種がちゃんと芽を出してきたということなんですよ。「おまえよく来た」っていう感じで、「待ってたぞ、おまえはセンスがいい、期待できる」と。自分自身の危険に対して自分でSOSを出せるのは、センスがいいんですよ。子どものときに親のそういうアルコールの問題を見たかもしれないけれども、そこにいた向谷地君の助け方なり何なりを見て、自分が困ったときどうすればいいのかということをどこかで確信していたんではないですかね。

田中　まあ、アルコール依存症になる可能性は大きいだろうし、どこかで助けてもらわないといけない場面はあるから、そこでそういうのを何とかしてなくそうと思って頑張らないほうがいいんですね。

向谷地　教育には、そういう弱さの教育、苦労の教育も必要ですね。

聴覚障害者にとっての真の言葉とは

上農　正剛

［聞き手］田中　望

春原憲一郎

山田　泉

上農正剛（うえのう・せいごう）は聴覚障害児教育・臨床哲学などを専門とする九州保健福祉大学准教授（二〇一二年現在）。一九五四年、熊本市生まれ。

聴覚障害者が本質的な意味で自立した市民として生きていけるようになるために、教育に何ができるのかという問題を原点に据え、上農は長年にわたり聴覚障害児教育に取り組んできた。しかし、現代の日本社会において聴覚障害者が自立した市民たらんとすると、いく重ものバリアーにぶつからざるを得ない。

その根底に横たわるバリアーは言葉の教育にかかわる問題で、ともすればマジョリティーをなす健常者の言語である音声言語に同化させる方向での教育を彼らに施そうとする傾向が強くなりがちであった。そうした趨勢に上農は異議を唱える。そうした方策の問題点を現実的な視点に立ち、ラディカルな形で批判的に指摘してきた。その批判の要諦は、そうした同化の方向では聴覚障害者は常に従属的な地位に置かれて真の自立につながらないというところにある。そうした状況を打破するため、音声を介さずに手話や絵本によって言語能力を養い、それをベースに書記日本語も身につけさせるという独自の実践的対応策を模索してきた。

また、同質的な構成員による効率的な経済社会構築を目指している現代日本社会のあり方が、マイノリティーである聴覚障害者の社会的自立を妨げていることにも目を向け、多様性を積極的な価値とし、弱者も公正な権利を主張できるような方向に変えていくための認識の枠組み作りのために、哲学、言語学、倫理学、障害学、医療社会学などの知見も踏まえた多角的な思索を展開している。

著書に、『たったひとりのクレオール——聴覚障害児教育における言語論と障害認識』（ポット出版、二〇〇三）があり、そこで展開された根底的な問題提起は多方面にインパクトを及ぼした。さらに継続的論考として、『月刊 言語』に一年間連載された「バベルの呼び声」（大修館書店、二〇〇八）がある。

●マイノリティーが「声を持つ」とは

田中　この本のねらいは、日本語が圧倒的マジョリティーをなす日本社会の中で言語的マイノリティーという境遇に置かれた人々が、自らの内奥の声を言葉にして発し、その声をまわりの人々が受けとめられるようなコミュニティーを、どのようにして実現できるのかを探るということです。その際、マイノリティーの立場にいるがゆえに苦しんだ人々の声、あるいはそうした人々と共に歩んだ人々の声といった、いわば「現場の声」を聞くことを通して、その人たちが置かれた状況と問題点を明らかにしていこうとしました。ただ、言語的マイノリティーといっても、それは必ずしも日本語以外の言語を指すわけではなく、一見同じ日本語を話しているようであっても、日本社会の主流からはじき出されたところに置かれた人々がかかえる問題を取り上げました。例えば、中国からの帰国者、在日の人々、そして精神障害をかかえた人たちなどです。日本社会の主流から外れたところでそれぞれの「生きにくさ」をおぼえ、またその生きにくさをはね返すための日本語による表現力に不全感を感じている人々が、どのようにコミュニティーに参加し自立した生を営んでいけるのか、そうした課題に私たちなりに取り組んできました。

上農先生は、長らく聴覚障害児教育に携わられ、またその実践を踏まえて今申し上げたような問題について独自の考察を深め、さらに聴覚障害児／者が日本社会の中で自立して生きていくための実践活動にも取り組んでいらっしゃいます。そうしたことをめぐる問題についていろいろおうかがいしたいと思います。ことに聴覚障害者の場合、今申し上げたような人々がかかえる問題と本質的に共通するところもある一方で、聴覚障害者特有の問題もあるようですので、そこも含めてお話しいただければと思います。

もうひとつ申し上げておきたいのは、書き言葉としての日本語という問題です。どういうことかと言いますと、マイノリティーの人々がマジョリティーに対して社会的パワーを発揮するためには、書き言葉的な日本語が不可欠だということです。そういう日本語が使えないと、自己の立場を主張し、マジョリティーを論理的に説得することが難しくなる。この書き言葉の重要性ということが一般にあまり理解されていないと思うのです。

日本語教育を含む言語教育において、今は話し言葉の教育が先行するわけですが、言語というものの社会的な機能を考えたとき、書き言葉的な言語——それは、必ずしも文字によるものだけでなく、例えば、われわれがここで話しているのは、オーラルではあるが、実は書き言葉的な言語をしゃべっている——が使えないと、社会的な活動は難しい。それができないと「二流市民」になりかねないわけです。そのあたりのことが、日本語教育という世界の中では気づかれていない。

では、書き言葉的な言語を教えるときに、識字教室的に仮名や漢字といった文字だけを教えれば、それで文化を担うような言語活動ができるかというと、そうではない。社会の中で一人の市民として活動するための言葉を発する——それが本当の意味での「声を持つ」ということだと思うんですが——、それを習得させるためにはどうしたらいいか。そのためには、教室的なところでいくら「教える」という形でやっても難しいだろう。教室的なところで教えるよりも、とにかく「声を持つ」体験をさせることが大切。そのためには、まわりの人間が「普通の日本人」というマジョリティーの特権性をまず突き崩して、外国人学習者をはじめ、声を持てない人たち――一応、マイノリティーと言っておきますが――に接する。その体験がないと、技能、スキルを教えたところで、声を持つことにはならない。そういうことが、この本の発想だったわけです。

言語は常にある価値観を伴って使われている。一つの社会の中である価値観の下で言語を使わないと、マイノリティーにされてしまう。でも、マイノリティーの人たちも、抵抗するために、ある価値観を伴った言語を使わざるを得ない。そのへんの闘いのあり方を、そういう意味での声を持つ体験を持った方々、まわりで支援をしている方々との対話を通して探ってみたかったのです。

●聞こえない子どもたちをとりまく状況と医療の問題

上農　聴覚障害児の実情を理解するためには、在日マイノリティーであるとか、視覚障害の人々の状況と対比して見ていくとわかりやすくなる面があるのではないかと思います。そこには、さきほどおっしゃってくださったように、共通するところと聴覚障害特有の問題の両方があります。共通している部分は普遍的な問題であって、例えば、獲得する言語の問題です。その人にとって最も自然に獲得しやすい言語と、所属する国や社会が要求してくる言語との軋轢という問題があって、それは似ていると言えるかもしれません。

ただし、日本にいるアジアから来た方たちや、在日韓国・朝鮮の方たちは、文化的な軋轢があったとしても、なかには様々な事情により、日本語を習得し、日本の社会的・文化的な資本を受け容れて生きていこうという道を自らの判断で選択する場合もあるのではないでしょうか。ところが、聴覚障害者の場合、そういう自主的な選択をしようとしてもそれができない状況があります。そこが決定的に違うところだと思います。

視覚障害者の場合、日常的に使う日本語が身についていないという人は通常はいないでしょう。目は見えなくとも、耳から音声の日本語がちゃんと入っているからです。しかし、聴覚障害者の場合は違います。たとえ目は見えていても、音声が聞こえませんから、日本語の習得に問題が生じます。多くの聴覚障害者が音声の聞き取りに大なり小なり問題を抱えていますし、その問題から不可避に生じる読み書きの能力にも問題を残していることが多いのが実情です。日本語がしっかりした母語になり得ず、その結果、たとえ知的能力が高くても、高度な読み書き能力が求められるような職業につく機会からも遠ざけられています。つまり、日本語の言語能力をきちんと身につける環境を保障してもらえていないということです。後で触れることになると思いますが、聴覚障害者にとって最も獲得しやすい言語は手話です。しかし、このことに対する理解も必ずしも十分にされているとは言えません。その点においても、聴覚障害者の多くは意思疎通に不全感を抱いています。言語を選択しようにも、それが音声言語である限り、聴覚障害者にとっては日本語であれ、中国語であれ、どの言語も習得しづらいものでしかありません。そこが他のマイノリティーの状況と決定的に異なるところだと思います。

初めにお断りしておきますが、ここでは「聴覚障害者」や「聞こえない子ども」という場合、原則として先天的に聞こえに障害のある人のことを想定してお話させていただきます。本当は中途失聴者のことも視野に入れなければならないのですが、そうすると問題が込み入ってきて、限られた時間の中では話しきれませんし、問題点が明確になりませんので。

今申し上げたような聞こえない子どもたちに特有の、かつ複雑な状況というのは、世の中の一般の人たちにはなかなかわかってもらえないのではないでしょうか。だから、私は本を書いているわけですが、理解を困難にしている大きな要因の一つに、そこに医療の問題が入ってくるということがあります。これも他のマイノリティーとの決定的な違いで、田中先生たちが関わっていらっしゃる在日外国人の方たちの場合、言語自体が医療によって本質的なコントロールを受けるということはないのではないでしょうか。聞こえない子どもたちが日本語を習得する場合、そこには医療が決定的な影響力を及ぼしています。

田中　医療が問題というのはどういうことなのでしょうか。

上農　聞こえない子どもがこの世に生を受け、成長していく過程で、はじめに「聴覚障害」という判定を下すのは誰なのかということをまず考えてみる必要があります。その障害診断を下すのは、専門の耳鼻科医です。では、そうした診断を下した後、医者はどのような対応策を勧めるのか。当然のことながら、その子どもを何とか少しでも「聞こえるように」しましょうということになります。近年では、そのために、「手術をして、人工内耳を埋め込みましょう」という選択が問題の解決法として推奨されるようになっています。聞こえに障害があるのだから、それを改善しましょうということなので、素人目には良いことのようにも見えるのですが、このような医療技術による障害「改善」策に問題がないかというと、必ずしもそうではありません。

医療の言い分は、「聞こえを良くし、音声を通して言葉を身につけられるようになれば、障害で困ることもなくなるのではないか」ということなのですが、実際には人工内耳を埋め込んだところで普通の人と同じように聞こえるようにはなりませんし、音声言語を身につけるのが極めて困難であることに変わりはありません。たとえ人工内耳を埋め込んだとしても、聞こえてくる音声は耳の中では奇妙な機械音のようにしか聞こえなかったりします。それをちゃんとした音声として聞き分けるためにはそれなりに術後のリハビリ訓練が必要ですが、それがどこまでうまく行くかには個人差があります。いずれにしても、どのような方法をとったとしても、聴覚障害児が音声を聞こえる子どもと同じように聞き取れるようになることは極めて困難です。聞こえない、あるいは聞こえづらい環境で、それでも音声言語で育てられれば、その当然の帰結として、概念形成や思考力の発達に支障や停滞、遅延が生じ、その結果、就学すれば教科学習にも問題が起きたりします。聞こえないために知能が劣っているかのような誤解を受ける場合も少なくありません。ただし、音声言語を絶対視し、それに固執する立場を転換すれば、話は違ってきます。それが手話の積極的導入ということです。

田中　手話で、普通に耳が聞こえる子どもと同じような発達ができるんですか。

上農　「普通に耳が聞こえる子どもと同じような発達」ということが、どのようなものとして言われているのかという問題、つまり「普通の発達」という意味合いの問題がありますが、手話による言語発達ということなら、当然、それはあり得ます。ただし、そのためには適切な手話の言語環境の保障が必要です。現実にはそういう環境を作ることには様々な困難が伴うため、まだまだ一般化は出来ていませんが。望ましいのは、聞こえる子どもがまわりの人たちの言葉を聞いて自然に母語を身につけていくように、自然な形で手話のコミュニティーの中で育つことなのですけれども、聞こえない子どもたちの親の九割は聞こえる親たちで、その親たちは手話のネイティブではありませんので、手話を母語として直接子どもに与える役割を果たすことは困難です。その仕事は手話の母語話者である聾者に委ねざるを得ません。ここに難しい問題の一つがあります。

しかも、学齢になって聾学校へ行っても、今度は手話を使って教科をきちんと教えられる教師は非常に少ないという状況があります。そこにもってきて、最近は聾学校自体が減っていて、聞こえない子どもたちは、インテグレーションということで、普通の子どもたちと一緒に音声言語中心の教育を受けさせられています。これでは子どもたち同士で手話を介してコミュニケートするような場にも恵まれませんし、必然的に概念や思考形成、社会性の習得に問題が出てきます。

田中　そういう現実があるのに、医療の側では人工内耳の埋め込みを勧めるというのはどういうことなのでしょうか。

上農　そこには三つの要因があると思います。親の問題、医療の側の都合、それに聾教育の問題です。そして、それらの底流に共通してあるのが「聞こえない」という障害に対する健常者側からの劣等視と同化圧力ということです。

まず親の問題ですが、聴覚障害児の親はさまざまな不安に苛まされます。その不安の原因の一つが社会から向けられる眼差しです。「お気の毒ね」、「お宅は問題のある子どもを生んだのね」という哀れみと同情の無言の視線です。それは実は差別と排除の視線でもあり、その視線にさらされるものだから、親は困惑と苦痛の壁際に押しやられます。その結果、子どもをなんとか社会に認められる方向に向かわせたいと思うようになります。だから、医療的に障害を「治せる」なら、人体改造でも何でもいいので、渡りに舟とばかりにそれに飛びつきます。人工内耳という医療技術はある種の親にとっては正に絶望の暗闇に差し込んだ一条の救済の光だからです。けれども、だからといって、そういう親を単純に責めることはできません。なぜなら、親をそのような判断に駆り立てているのは、異質なものを排除し、同じ色に染め、自分たちの集団に同化させずにはおかない、私たちの社会に潜在している抜き去りがたい価値観なのですから。

そして、人工内耳を積極的に勧めようとする医療者には医療者の事情があります。むろん、聴覚障害で困っている子どもを救いたいという医療者としての「善意」があるのでしょう。しかし、現実はそれだけではありません。そこには、最新の医療技術を試してみたいという知的好奇心、成果をあげて研究業績としたいという専門家としての願望、研究予算や開発費を投入した以上、一例でも多くの施術数の実績をあげ、投資した費用を回収したいという企業として不可避の利潤追求の論理等々、聞こえない子どもの利益には必ずしも直結していない別の要素が混入していることも想像されます。

厚労省が決めた人工内耳の適応基準年齢というのがあって、数年前にこの基準年齢が下がりました。手術の適応対象年齢がより低年齢化したということです。このような動きは何を意味するのか。手術の安全性と効果が確認されたので、適応基準を変更し、より多くの幼い聴覚障害児を救おうと事態が進展した結果とも思えますが、果たして本当にそうなのかという問題があります。

聴覚障害児教育に長らく関わってきた者の目には、この人工内耳へ雪崩を打って傾いていく現在の趨勢は、かつて口話法が破竹の勢いで興隆し、聴覚障害児教育界を席捲した光景を髣髴させるわけです。口話法ということについて説明しておきます。口話法とは、一口で言えば、「聞こえない子どもに発音や聞き取りの訓練を施し、聞こえる子どもと同じように話させ、聞かせるようにする教育方法」ということです。つまり、聞こえない子どもに音声言語を習得させるということです。そのために補聴器を装用させ、あるいは手術をして人工内耳を埋め込み、その機器を活用して、音声を聞き取らせることを目指すわけです。問題はその方法で聞こえない子どもたちが本当に聞こえる子どもと同じように音声を聞き取り、話せるようになるのかということです。聴覚障害児教育の世界では長い間、この教育方法が主流だったわけですが、この十数年、様々な問題が露呈し、根本的な批判を受け、見直しの対象となり、今日に至っています。人工内耳という「夢の救済策」にもどこかに限界や根本的問題が内包されているとしたら、その影響を受けるのは聞こえない子どもたち本人であり、それを選択した親たちです。かつて口話法を推進した人たちの考え方は、音声言語を最初に入れて、そこから書記言語に繋げて行くという発想でした。この発想の根底にあったのは、聞こえる人間の場合、読み書きはこのような手順を踏んで身につけているのだからという認識でした。聴覚障害児の耳に音が入らないのであれば、補聴器でそれを補ってやりさえすれば、あとは聞こえる子どもたちと同じような道筋で音声を介し日本語が身につき、それを踏まえ、書き言葉も習得できるはずだということでした。しかし、その結果は想定されたようにはならなかった。ごくごく小数の成功例を除けば、多くの聴覚障害児の音声言語能力は実用の生活や学習に耐えられるものではなく、その結果、低言語力や低学力という悲惨な状況を生んでしまったという歴史があります。

しかし、聴覚障害児医療に関わる専門家たち、医師や言語聴覚士のほとんどは過去に、と言っても、実際は「つい昨日のこと」なのですが、このような苦い歴史があったことをほとんど知りません。ただ、自分たちに必要な、そして有用と信じている医療技術の適用に邁進しているのでしょう。その姿はかつて口話法を熱心に推進した誠実な専門家たちと非常に似ています。正に「以前、どこかで見た光景」です。

●機能不全に陥った聾教育

田中　医療の問題はわかりましたが、聾教育の問題というのはどんなことでしょうか。

上農　聾学校は聞こえない子どもたちのために税金を使って作られた公的教育機関です。しかし、残念ながら、その本来の機能を十分に果たしているとは言い難い面があります。聴覚障害児に対する教育の専門性という点で多くの問題を残しています。幼小中高と十五年間、聾学校に通っても日本語の読み書きがきちんと出来るようにはならないということも、その根本的な問題の一つです。

私は一部の聾学校の先生たちとは一緒に書記日本語教育の実践的取り組みを一生懸命やってきましたが、それはあくまで局所的な取り組みに過ぎません。それも、熱心な先生たちがある一定人数いらっしゃる一部の限定された学校に限って可能だった話です。聴覚障害児に対する継続的でかつ計画的な書記日本語指導を実施するためにはある一定数の教師集団の存在が不可欠です。一人の教師を二、三年で異動させるような現行のシステムでは教師の専門性も育成できないし、取得した技術や知識を教員間できちんと共有、継承していくことも絶望的に困難です。

教員にしてみれば二、三年で別な学校、それも聾学校とはまったく異なる養護学校や普通学校に異動させられるわけですから、せっかく苦労して身につけた手話の技能も異動した先では活かせません。中には異動を見越して、そんなに熱心に専門的な勉強はしようとしない先生も出てきます。仮に二、三年、一生懸命努力して手話の力を身につけたとしても、それで授業が出来るかというと、その程度の手話力ではまだまだ不十分です。おそらく一人前の聾学校の教師になるには最低でも五、六年はかかるのではないでしょうか。専門性とはそのようにしてしか育たない手間隙のかかるものであり、だからこそ貴重なものです。

しかし、現実は専門性が築かれないまま数年で教員は入れ替わっていっています。ある先生が聾学校にきて、一年間でやっと初歩的な手話を少しできるようになったとしても、その程度のレベルの手話では教科学習の内容をきちんと説明することは困難です。ですから、「手話を使って授業をしている」と言っても、実際は口話に中途半端な手話を取り混ぜてやりとりしている場合がほとんどなわけです。そんな状況でお茶を濁しているうちに、その先生はまた別の学校へ異動になります。教員の中には、口でこそ言わないが、二、三年で違う学校に移ることがわかっている以上、手話を必死になって覚えても無駄であり、意味がないと考える人もいます。

教育委員会の考えは「特別支援学校で働く先生方には多様な障害に対応できる力を持って欲しい」ということらしいのですが、このような教員の短期間の異動システムを続けている限り、教員の専門性は決して育成できません。障害児に対して真に意味のある教育を実施しようとするなら、教員が子どもたちときちんと通じ合うコミュニケーションの力を持っていなければなりません。それは絶対不可欠な前提条件です。それがなければ教育という双方向のコミュニケーションを必要とするやりとり自体、成立しないのですから。

聾学校の中には、子どもたちに対して、何とかそれなりの読み書きができるようになるような教育をしている学校もあります。そのような学校の場合、校長先生が頑張って、専門的な指導力のある教員を一定期間、動かさないようにしていたりします。そうした配慮をするためにはむろん、管理職としてはいろいろな苦労があるのですが、子どもたちへの真の利益誘導のためには何が必要かを理解した結果の判断から、そのような対応をする校長先生も稀にいらっしゃいます。ただし、管理職の誰もがこのような判断をするわけではありません。

専門性が育たない状況がどんな問題を生むのか。それは親の反応ということです。障害児を持った親は教員のやる気や能力、責任感を厳しく見ています。「先生たちはどうせ二、三年したらいなくなるんでしょう。そんな人たちに責任を持ってくださいとお願いしても仕方がない」と感じている親も少なくありません。だから、聾学校を見限り、インテグレーション（普通校への統合教育）の方へ流出していくわけです。その結果、聾学校にいる子どもたちはますます減っています。そこに、最近は発達障害の子どもたちの増加という問題が加わりました。当然、行政もそれを無視できないわけですから、そちらの方へより多くの予算が投入される。盲・聾・養護という各種特殊学校を「特別支援学校」という新しい教育施設に統廃合した施策もこの結果としての流れでしょう。「特別支援学校」という障害児教育に関する新たな取り組みは何だか積極的な善きことのように世間一般では受け止められているのかもしれませんが、少なくとも聾学校という存在に限って言えば、その流れは聾学校自体の存亡の危機をさらに加速させた面があります。

問題はこれだけではありません。こうした聾教育の崩壊が医療の側の聴覚障害児教育に対する関与、進出を呼び込む形になっています。従来、耳鼻科医やＳＴ（言語聴覚士）は聴覚障害児教育の現場に深く踏み入ることが出来ませんでした。医療は厚生労働省、学校教育は文部科学省と管轄省庁が異なっていたからです。医療側は聴覚障害を診断・確定することは出来ても、それを自らの手で根本的に治療・改善することは出来なかった。だから、その後の対応は致し方なく聾教育の方に委ねるしかなかったわけです。ところが、それなりの時間が経過したにもかかわらず、聾教育の方は、特に最も肝心だった言語獲得という面において、結局芳しい成果を上げることが出来ませんでした。耳鼻科医やSTはそのような状況を批判的に見るわけです。そこに人工内耳という聴力を「改善」する新たな治療技術が開発されました。医療側からすれば当然、「手術によって人工内耳を埋め込んで、聞こえない子どもたちを聞こえるようにしてやればいいのだ」ということになります。医者の中には「もう聾学校は要らない」と言う人さえいます。そこには「何十年もかけて結局何も成果を上げられなかったのではないか」という聾学校に対する根源的な批判と不信が込められています。私は人工内耳の安易な導入、推奨には賛成しませんが、現在、聾学校の抱えている根本的な問題については残念ながら認めざるを得ないし、その根本的な問題を抜本的に改善しきれずに今日まで来てしまったことが聾学校の存在を危機に陥れた原因だと考えています。

●日本手話を基盤に言語能力の育成を

春原　お聞きすると八方ふさがりのような状況ですけど、その中で上農先生はどうやって事態を打開していこうとなさっているのでしょうか。

上農　まず、原理原則的な話をしたいと思います。私は聞こえない子どもにはまず母語として手話をしっかり身につけさせるべきだと考えています。ただし、ここには少し込み入った問題があります。それは手話には二種類あるという問題です。音声の日本語に手話単語を振り当てている「対応手話」というものがあります。一般の方がよく目にされるのはこの手話だろうと思いますし、これが手話だと思っている方も多いのではないでしょうか。それに対し、もう一つ別な「日本手話」と呼ばれる手話があります。こちらは原則的に音声を伴いませんし、文法の構造が日本語とは異なり、独自の仕組みを持っています。音声言語を習得した後に聴力を失った中途失聴者や口話法の教育を受けた難聴者には対応手話が習得しやすく、音声言語に依存しない聾者にとっては日本手話が母語となります。そして、当然のことですが、聾者の言語集団が保持する「聾文化」というものも、この日本手話という独自の言語抜きには成立し得ないものです。

　この二つの手話の採用の是非をめぐって、教育界では状況が複雑になっています。日本手話を習得し、日本手話で教育しようとする人たちもいるのですが、聴者が日本手話を習得するのは非常に難しいため、対応手話で教育実践に当たっている教師も少なくありません。日本手話はその母語話者（ネイティブ・サイナー）から教わるしかないわけですが、地方によってはそのような環境がない場合もあり、なかなか難しい面もあります。

　このようにどちらの手話を採用、選択するべきかという問題はあるのですが、いずれにせよ音声日本語を第一言語にするのではなく、手話をメインの言語として尊重すべきであるだろうという考えが根幹になければならないということには変わりありません。なぜなら、手話という視覚的な通信手段がない限り、聴覚障害者同士は意思疎通が出来ないからです。この点は多くの人、特に音声言語を重視する口話法支持者が見落としている重要な点です。聞こえない者同士が互いに励まし合い、理解し合おうとする際、音声言語は最も通じない通信手段です。このことを考えれば、聴覚障害児にとって手話という言語がいかに大切かがわかると思います。まず、手話でコミュニケーション環境を整備、保障し、その上で、第二言語として、日本社会へのアクセス手段としての読み書きの日本語をしっかり教えていくべきだろうというのが私の考えです。メインの言語として音声の日本語を無理やり教えることで、聞こえない子どもたちの聴覚障害者としてのアイデンティティーを奪うような教育には賛成できません。

ただし、日本手話を母語とした子どもの場合、書記日本語の習得には苦労が伴う面があるでしょう。書記日本語と日本手話では文法構造が異なるからです。そこには母語とは違うもう一つ別の言語、つまり外国語をマスターするに等しい負担が生じます。なぜ、聞こえない子たちだけが母語とは別に、もう一つ余分に第二の言語を学ばなければならないのか。その点は理不尽で申し訳ない気もします。聴者並みとは言わないまでも、聞こえない子どもがそれ相応の書記日本語力を身につけようということになれば、相当の修練が必要になりますから。それでも私が聴覚障害児には書記日本語の習得も必要だと考えるのは、日本語話者がマジョリティーを占める社会で生きていく以上、様々な不利益を被らないようにするためということがあるからです。日本社会の中でマイノリティーとして理不尽な対応を受けたときに、その不当さを論理的に指摘し、自分の当然の権利を保守するためには日本語の読み書きの力が必要だからです。書記日本語の力があれば、他者に頼ることなく、直接、自分たちで異議申し立てや要望の提示が出来ます。特にこれからの時代はインターネット上の様々な意見提示の方法が現実的に発言力を持つ可能性が十分にあるわけですから。聞こえない子どもたちにその社会的能力を授けるのが教育の責務ではないかと思っています。

●音声を通さない概念・思考形成の可能性

春原　上農先生の思いはよくわかるのですが、問題は、その書記言語を聾児が身につけていくシステムが確立されていないことではないかと思うのですが……。今のお話は、音声言語を経由して書記言語、ではないんですよね。

上農　そうです。その問題に対処するために、ここ十年くらい、いくつかの聾学校の先生方と協力して、音声言語を介さないで日本語の読み書きの力をどうやって習得させるかという実践と研究をやってきました。今年（平成二三年）の三月に東京の大塚聾学校小学部は三年間の書記日本語指導に関する実践結果を研究会で発表しましたし、三重県立聾学校小学部もこの数年の実践の集大成を冊子にして今夏公刊する予定になっています。二つの聾学校とも、日本語の文法を言葉の規則（メカニズム）として正面からきちんと教えるという指導法を積極的に採用した点に共通した特徴があります。

この文法を文法それ自体として、そのままきちんと教えるという指導法（「文法直接指導法」）は従来、それを理解する子どもにとっても、また教える側にとっても困難とされ、教育現場では積極的には採用されてこなかった方法です。「音声を介さず、手話や指文字を使って視覚的に書記言語を獲得できる」、私がそう書いたのは十数年前でしたが、そのときには「そんな理屈っぽくて難しい指導法には現実性がない」と批判を受けました。批判した人たちは、まず音声で脳の中に日本語を構築し、それを文字という視覚化された言葉に換えていくのが順当で唯一可能な指導法だと考えていたわけです。そのような指導方法でなければ、読み書きは身につかないという強い思い込みがありました。ただし、私は以前から、音声言語の習得を介して書記言語を習得させる方法では決して上手く行かないこと、聞こえない子どもたちに日本語の読み書きの力をつけるには文法の規則を文法の規則としてきちんと教える以外にないことを主張してきました。そのことは拙著にも書きました。この数年の二つの聾学校の粘り強い実践と研究の具体的積み上げは、文法直接指導法の実行可能性と効力の一端を実証し得たのではないかと思います。

ただし、聴覚障害児に対して書記日本語の指導をきちんとやろうとすれば、そこにはそれなりの厳しい条件があります。まず何より、指導に当たる教員の情熱と教えるための技術がある一定のレベルに達していないと現実的に意味のある指導は実施できません。例えば教えるための教材を準備すること一つをとっても、結構な時間がかかりますし、そのためには教師は通常より余分な努力をしなければならなくなります。その「余分な努力」を本気でする気が教員にあるかどうか。一般の方は、「子どものためになり、それが必要なことなら、教師である以上、努力をするのは当たり前だろう」とお考えになると思いますが、現実は必ずしもそうではありません。現場の先生方とお付き合いしてみるとわかるのですが、現場の先生方からは二言目には「忙しい」という言葉を聞かされます。現場の本音は「ただでさえ忙しいのだから、余分な仕事が増えるのは負担になるので、困る」ということなのです。いくら実行可能な具体的指導法を提案しても、それを実際に請け負う教師にやる気がなければ、それは「絵に描いた餅」に終わります。書記日本語の指導はこの教師のやる気と指導技術という教育の基本を根底から問い直すものでもある分、実際には意外と実行困難な面を持っています。

山田　そのことに関連してお聞きしたいんですけど、聾者の子どもたちの思考形成を考えた場合、聾学校に入って学校教育を受ける前に、耳で聞く言語でなくても、言語はあると思うんです。絵本とか絵カード、ものをつくる活動、あるいは生活していること自体が、言語的なコミュニケーションをやっていると思うんですよ。ノンバーバルを含めて考えれば、いろんな言語行動をしながら成長していると思うし、その成長したものを書記言語的なもの――概念形成、思考のための言語へ変えていくという訓練を生まれてからしていっているはずですよね。その子たちなりに思考形成をしていると思う。それにつなげる概念形成のための教育を、一般の子どもだと六歳で小学校に入って――世界で大体共通ですが――、そのぐらいの年齢になると学校教育のためのレディネスが蓄積されている。われわれ耳が聞こえる人間は、生まれてから思考形成をしていって、学校へ入って概念化や、より思考形成を機能的にやる訓練を受けるわけですが、そういうつながりの教育が、聾者の子どもたちになされているのか、ということなんですね。

ようか。

上農　手話の導入、承認という表面上の修正、変化はみられますが、根本の部分において聾教育あるいは聴覚障害児教育は問題を抱え続けています。先生がおっしゃるようなつながりのある教育という観点自身、しっかりとは意識されていないように思います。そのことが最も象徴的な形で現れているのが聞こえない子どもたちへの書記日本語教育の不備という問題だといえるのではないでしょうか。

先生がおっしゃった概念形成とか思考形成といった問題は、聾者の問題を語るときにはより複雑な事情をはらむ面があります。考え方の立場はいろいろあると思いますが、仮に概念形成を外界感受というような段階からあると仮定した場合、もちろん生物ですから、それは生まれた瞬間からあるわけです。あるいは、胎内にいるときからある。それが、言語のレベルに変換される段階があり、その段階自体にまたさまざまな状況の違いが生じます。

例えば、聾者の両親の下に生まれた子どもが最初に接する言語は手話になります。親の手が動くのをずっと見ている子どもは、すぐに手を動かすようになります。それは、はじめのうちは、聞こえる両親の下に生まれた聞こえる子どもの手の動かし方と同じに見えます。手話言語学者の研究によると、生まれて数ヶ月ぐらいまでは、手の動かし方は聞こえない子どもと聞こえる子どもの間には見た目上の決定的な違いはない。そして、ある時期から、乳児は指差し（ポインティング）をするようになります。しかし、その指差しという行動に質的な差が出始める。聞こえない両親の下に生まれた聞こえない赤ちゃんと聞こえる親の下に生まれた聞こえる赤ちゃんとでは、指差しの意味合い（言語的機能）が違ってくることが指摘されています。手話を最初はただの手の動きとしてしか見ていなかった段階から、それを言語的機能として認識する、つまり手話の文法として認知する段階に移るということです。そして、聞こえない乳児にとってその変化はかなり早い時期に起きるということも観察されています。聞こえない赤ちゃんが明らかに手話の世界でしか使わない文法性のある指差しをするようになるのに対し、聞こえる赤ちゃんは徐々に当初の指差しは消えていきます。そして、聞こえる赤ちゃんの場合、指差しが消える頃に音声の言葉が出はじめます。

生まれたばかりの赤ちゃんには自分と世界を区切る境界線がなく、世界は渾然と一体化していると言われます。やがて、そこにある種の区分が生じ、世界は個々のものの集まりとして認知されるようになる。つまり、世界の分節化ということです。その分節化は言語的な刺激があって初めて起こるのでしょうね。いま言った聞こえない子どもの指差し現象の研究からわかるのは、聞こえない子どもの場合は、目の前に手話という言語（記号の体系）さえあれば（その言語環境さえ保障されれば）、普通に自然言語としてそれを獲得していくということです。むろん、概念形成も手話を介した言語獲得の中で自然なものとして行われます。

人工内耳という医療技術によって聞こえない子どもに音声を聞き取らせ、日本語を習得させるという方法に対し、大きな期待と信頼を寄せ、それを積極的に推し進めようとする立場と、主張される「成果」の背後にある、あまり明言されない「条件」や「制限」に目を向け、慎重な評価をする立場があります。そして、後者の立場からは、さきほど指摘した言語獲得の「自然さ」という点からも、人工内耳の問題性が気になるわけです。つまり、聞こえる親から生まれた聞こえない子どもの場合、乳幼児の段階で人工内耳を埋め込まれたら、そこには自然な手話環境はなく、代わりにいきなり音声言語を聞き取らなければならない状況から始めざるを得ません。お母さんが一生懸命音声で語りかけても、子どもにはそれが何を言っているのか、音声の一つ一つが聞こえる子どもと同じような状態では聞き取れない。当然、そのことはしっかりした概念形成をすることに何らかのマイナスになる可能性があります。そのような危惧が不要な取り越し苦労だと言うためには、人工内耳の効力が聞こえる子どもと同等の聴力をもたらすものであるという「確証」がなければなりません。しかし、その点について現状は曖昧で微妙な状況です。

概念形成の問題についていうと、口話法の教育を受けた聾者の中には、「就学前までの記憶がほとんどない」という人がいたりします。曖昧な音声言語の世界にいて、言われていることもほとんど理解できなかったし、自分で何を考えていたかも思い出せないということです。曖昧にしか理解できない音声言語しか与えられず、概念形成の道具である世界を分節するための言語がない状態に置かれていたということでしょう。

聞こえない子どもの九〇パーセントは、聞こえる両親から生まれてくると言われています。つまり、聞こえないために、自然な形では音声言語も入らないし、親が聴者である故に手話も自然な形では入らない。いずれにしても自然言語の発達が促進されない事態が起きるわけです。聞こえる両親から生まれた聞こえる子どもであれば、自然に音声言語を獲得できる。聞こえない両親から生まれる聞こえない子どもであれば、自然に手話という言語を獲得できる。しかし、聞こえない九割の子どもたちは、そのままでは自然言語の発達が阻まれる状況に陥ります。

概念形成ということを言うのであれば、やはり、その基盤となるのは母語、つまり、知覚的に無理や負担のない、自然に獲得できる言葉によって、それが形作られなければならないと思います。この点は動かせない最も大切な部分でしょう。しかし、それと同時に、あるいは「その後で」でも構わないのですが、日本語の読み書きの力も聞こえない子どもたちにはやはり必要です。なぜなら、彼らはマイノリティーであるゆえに様々な不平等、理不尽な扱いを受けるからです。それを自らの言葉の力で直接押し返し、正当な異議申し立てを行うためには日本語の読み書きの力が効力を発揮します。そして、その「その武器としての読み書きの言葉」は意図的に丁寧、的確に教えていかなければ身につかないものです。手話という母語を尊重することと、書記日本語をきちんと教えていくということは別の問題としてそれぞれにきちんと対処すべきだと私は考えています。

山田　それはわかるし、そのとおりだと思うんですが、母語を固めていく、母語の言語能力を高めていくことが大事で、そこに第二言語としての日本語を……。

上農　むろん、母語は大事です。それがなければ、その上に第二言語は乗りません。ただし、ここの部分がとても大切で、同時に二重に誤解されがちなところなのですが、だからと言って、手話を尊重すれば、そこから「自然に」読み書きの言葉に繋がっていくかというと、そうではありません。日本語の文法はあくまで日本語の文法として教えなければ習得は出来ません。その際、理解の

「補助手段」として手話や指文字という視覚的な言葉が音声言語よりはるかに役に立つということです。日本語の読み書きを教えるとき、手話や指文字を活用すると言ったのは、教員が聞こえない側に歩み寄っているということです。聞こえない側の言葉に入っていかないと、実際、聞こえる側の言葉は教えられません。

●絵本で育む言語能力

山田　もうひとつ思うのは、一般の子どもは生まれてすぐ、絵本の読み聞かせとか、昔話の語り聞かせを聞きながら、音声言語の刺激によって、時間・空間といった世界をつくりだす訓練をずっと受けているわけですけれど、そういうことが、本当は、聾者の子どもたちにも人為的に必要なんじゃないかということなんです。例えば、親が絵本を見せたりということが不十分だったから、思考形成がされてこなかったんじゃないかとも思うんですけど。

上農　おっしゃる通り、絵本というのは言葉の問題を考えるとき重要な問題を持っていますね。聞こえない子どもの中には有名大学や大学院まで進む子どもも実際にいます。そのような子どもたちは、日本語の読み書きにおいて、聞こえる子どもと比べても何ら遜色ない力を持っています。場合によっては英語もよく出来たりします。そのような聞こえない子どもの親たちはいったいどのような育て方をしたのか、何を大事にして育ててきたかというと、まず例外なく、意識的に本を読む子どもに育つよう、さり気ない環境作りをしています。特に就学前に絵本を見せるということを熱心にやっているということがあります。

絵本から子どもたちは何を受け取っているのか。絵本の画は動かないけれど、よく見てみると、そこには因果関係とか、話の流れとか、このページの前はどうだったか、このページの後どうなるかということが展開されています。誰からか教えられなくても、子ども自身が思わずそれを想像するように作られています。つまり、自ずと様々な「概念」を形成せざるを得ないように絵本は子どもたちの思考を導きます。

林明子という絵本作家がいますが、私は自分が就学前の聞こえない子どもに日本語を教えるときは、いつもこの人の絵本を使っていました。『おふろだいすき』、『こんとあき』『あさえとちいさいもうと』、他にもたくさん作品があります。この人の絵本はいろんな意味で素晴らしいですね。よくありがちな絵本だと思っている人もいるかもしれませんが、林明子の絵本にしかない、いくつかの特質、大変優れた点があります。例えば、絵に添えてある日本語の文章が非常にきちんとした文になっています。一見、何でもないようなことに見えますが、日本語を教える教材としてはとても大切なことです。絵も一つ一つのものが具体的に正確に描いてあります。見ていると思わず動き出すようなリアルな雰囲気を持っています。絵本の中には、わざと「ヘタ上手」に描いたり、故意に乱暴なタッチで描いたりした絵柄がありますが、林の絵本は皆、ものをものとして、克明に細部まできちんと描いてあります。だからこそ、林の絵は本の中で動き出すのです。本来、絵本の絵は映画やアニメのようには動きません。じっとページの上に固定されている。しかし、子どもたちがそれを想像の中で「動かす」のです。そこに非常に重要な意味があると思います。これはさきほどから話題に出ている正に言語以前の、あるいは言語以外の概念形成の一過程、論理的思考の一形態ではないでしょうか。子どもたちがこういう絵本を読んでいる姿を観察すると、子どもたちはじっと絵を見ています。絵に魅入られながら、「考えて」います。それは絵と絵の間にある目には見えない「意味」、つまり「関係」について考えているわけです。子どもたちをそのような世界に誘うのが絵本の持つ力ですね。絵本の中にある感情や思考を読み手の子どもが受け取る。向こう側とこちら側でそういうやりとりが生じる。そういうやりとりをすることを通し、子どもの中の深いところで概念が徐々に形成されていきます。そして、その概念を他者に伝える「言語」に整えなおしていく。そして、そのことが読み書きの基礎に繋がっていく。そのようなやり方を私はしてきました。

最近、幼児教育の世界では「読み聞かせ」が盛んに行われています。それはそれでいいのですが、子どもが一人で黙って絵本を読むということも非常に大切なことです。そのような時間の中でしか育めないことが確かにあります。子どもたちは絵本を見ると、そのページの絵を頭の中で「動かし」ています。「動かす」ということは、そこにある関係性を理解し、その関係性を先に展開させ、事態の変化を予測しているということです。そこには概念形成や論理的思考が芽生えています。そして、それが言語や文法を受け入れる準備段階になります。絵本の持つこのような重要性については拙著『たったひとりのクレオール』の中でも若干触れましたが、そこに注目してくれた人はほとんどいなくて、少し残念です。いつか機会があれば私なりの絵本論はきちんと書きたいと思っています。

●子どもたちの感性を読み解きながら書記言語の習得を

上農　概念形成と言った段階ですでに言語が介在しているという考え方もあるかと思うのですが、いずれにせよ、概念形成にはそれをもたらすその前段階の状況が大切です。子どもがどういう形でその前段階を準備しているか、まわりにいる大人がそこを敏感に捉えていけるかどうかがポイントだと思います。「情操教育」というような紋切り型の理解ではなく、知覚的な認知作用がどのように論理的思考に繋がっていくかという冷めた観点が必要だということです。

例えば、目の見えない子どもの場合、当然のことながら、匂いや音、感触などの感覚刺激が概念形成の前段階になる基盤となるのでしょう。そう意味では詩人の寺山修司は感覚的に発想が鋭かったですね。「絹を裂くときの音は何色?」というような問いを実際立てて、目の見えない子どもたちに質問するようなことを試みていました。このような感覚をもって子どもの言葉の指導に当たれれば教育も深まるのではないでしょうか。

私自身は、子どもたちにそうやって十分に目で絵を動かしてもらった後で、文字を見せるという指導をずっとやってきました。ほとんど文法のシステムを文法的に説明したことはありません。この数年は聾学校の先生方と一緒に、小学生の聞こえない子どもたちに文法を文法としてきちんと教える指導法の研究をしてきましたが、日本語の読み書きの力をつけるために、まず文法の規則をきちんと教える方法をとったのは、小学生にはゆっくり絵本を見せて、そこからじっくり言葉を入れていくだけの時間的余裕がないからです。彼らの目の前にはすでに読んですぐに理解しなければならない教科書があるという切迫した現実があります。文法指導を中核に置いたのは、その現実に対処するためです。

就学前に日本語の読み書きの基礎を入れるということであれば、事情は違ってきます。まず、絵を見せて、それをじっくり眺めることを促します。すると、そこに様々な「関係」があることがわかってきます。前のページと目の前のページとの「変化」に気づきます。そして、その「意味」について考えることも出来ます。そして、そのページの下には何か文字が書いてあります。その文字のある部分はそのページにあるものの名前です。また、文字の中には、よく見ると「を」とか「は」とか「が」とか、繰り返し出てくる同じ文字があることに気づきます。それは話の展開の中でどのような働きをしているのか。それも考える対象になってきます。このような原始的な手探りで、一つ一つの言葉の意味を考え、探索していくのです。その過程で自ずと概念が形成され、ルールが発見され、論理的思考が育まれていきます。私は助詞の使い方等も含め、こうして就学前の聞こえない子どもたちに日本語の読み書きの基礎を教えていました。

本来なら、絵本は子どもが虚心に、そして好きなようにただ眺めればいいものです。それが絵本本来のあるべき読み方でしょう。それを、日本語を学ぶためという大人の勝手な目的のために使っているわけですから、「ごめんね」という申し訳ない気持ちもあります。しかし、しつこいようですが、そうまでしてでも、やはり聞こえない子どもたちに日本語の読み書きの力をつけさせたいと私は考えているのです。

山田　そうやって言語音声を介さないで身につけさせる日本語の書き言葉を、第二言語というようにおっしゃっていましたけれど、それはもう一つの母語なんじゃないかと思うんです。絵を見て前と後を考えながら、そこに書いてある記号と結びつける。そういう発想は、自然言語の習得に近い。自然言語の習得は、例えば、こっちから犬が歩いてきて、あっちから鶏が来て、それを追いかけていって……という中から、「鶏」とか「走る」とかの概念を得ていくのと近いんじゃないでしょうか。ですから、第二言語というのは二つあると思っていて、自然言語に近い形で習得するものもあるだろうけれど、母語との関係性——置き換えとか、そういうもの——で習得する場合もある。母語を介さないで、現象から文法体系や語彙を身につけていくプロセスは、母語習得に近いような気がするんですけれど……。

上農　先生が言われることはわかります。ただ、母語というのは、子どもにとって不全感や不自然さがなく、縦横に、スムースに使える言葉だと思います。書記言語としての日本語も二つ目の母語ではないのかという言い方も、ある意味ではそうかもしれないのですが、実際に聞こえない子どもに、考えたことを日本語で書いてごらんというと、抵抗を示すことが多いですね。聞こえない子どもたちにとって日本語で書くというのはやはり自然にできる言語活動ではないからでしょう。それは仕方ないし、それでいいのだと私は思います。やはり第二言語、あるいは第一外国語という位置づけになるでしょう。そのことは十分承知した上で、それでもある一定のレベルまでには日本語の読み書きの力を身につけてもらいたいと考えています。ですから、書き言葉というのは特別なものとして、「マイノリティーとしての自らの権利を保守するための武器になる道具」として学ぶという動機づけがないと学習効果が上がらない面があるように思います。

両親が聾者で、生まれたときから手話を使っている子どもたちは絵本を見ながら必ず手を動かします。頭の中に言語として手話があるわけですから、それ抜きには物事を考えられないのです。デフの世界に最初からいた子どもたちにとって手話は文字通り母語なのです。ところが、両親が聞こえる人間で、そのため手話を使わない子どもたちは、絵本を前にしても、じっと見ているだけで手は動かしません。じっと見ているだけで、声も出さないし、手も動かない。この子たちにとって、自分の中でわんわん鳴り響いているのは、ちゃんとは聞き取れないお母さんの音声なのです。その曖昧にしか理解できない音声の言葉だけが絵の意味を「考える」際の手掛かりです。それだけを頼りに一生懸命、絵を見ようとしているのです。それがその子どもたちにとっての「母語」なのです。

私は九州の生まれですから、何かを食べて、心底うまいと感じたら、方言の表現が頭にスッと浮かびます。大袈裟な言い方をすれば、理屈抜きに自分の中にある魂の言葉です。例えば、夏、暑いときに汗をかきますね。春原さんは関東の方だから「びっしょり」と形容されるのではないでしょうか。私の郷里の熊本では、少なくとも私の世代くらいまでの人間は「ぐっしょり」と言う方が普通だと思います。「汗びっしょり」なんて言うと、「なんばきどっとっとや」（何を気取っているのだ）という感じになります。それが母語の世界です。しかし、もし東京で方言をそのまま使えば、笑われたり、訝しがられたりするので、「汗びっしょりになっちゃった」と言い換えているわけです。

社会の中で生きていくためには、その場に応じた様々なレベルの「言葉の切り替え」が必要になることがあります。例えば、家庭ではお父さんは手話を使う、しかしお母さんは音声も使うというような環境にいる子どもの場合は、自ずとその切り替え（コードスイッチング）ができたりしますが、そのような状況に慣れていない子どもの場合、その切り替えは難しい。もし、聞こえない子どもが手話を母語として、同時に、必要な場合は日本語の読み書きの言葉にも切り替えが出来る力を持てば、それは必ず利益を生むはずです。そのためには、学ぶ方の子どもたちにも、教える方の教師にも大きな努力が必要ですが、それを何とか実現したい。それが私の望みです。

聞こえない子どもたちが第二言語として日本語の読み書きの力を持つことにはむろん、そのことで自分たちの権利を保守すること、ならびにより多くの情報にアクセスするという目的があるのですが、それとは別なもう一つの目的があります。それは、もし、聞こえない人たちが日本語の書き言葉を持ってくれたら、聞こえない人間側の思いや考え、歴史を、通訳等を介さず、直接、聞こえる側に伝えてもらうことが出来るということです。そのことにより、聞こえる側の人間は異文化である聞こえない人たちの世界を少しは理解できます。そして、そのことは、聞こえる側が「良かれ」と思ってやっている聞こえない人たちへの対応の中に、どのような勘違いや抑圧が内在しているのかに気づかされる貴重な契機にもなるはずです。むろん、これは私たちの方も相手の言語である手話を学ぶという双方向の歩み寄りが前提になっている話ではありますが。

自分たちの共同体の中に異文化や少数文化を意識的に確保しておき、常に異文化の声に耳を澄ますということは、その共同体の質を保持するためにも非常に大切なことだろうと思います。例えば文化人類学者のレヴィ＝ストロースはずっとそのことを言い続けていました。しかし、その異文化の声を聞く技術が私たちの社会はどうもあまり上手ではないように思います。子どもたちへの教育の中にも、そのような発想がほとんど入っていないのではないでしょうか。

私は大学で学生たちを障害者施設に実習に出す仕事もしています。実習先の施設には自閉症児がいたりしますので、私も自閉症のことは多少勉強しました。いろいろ文献を読んでみると、エコラリアと呼ばれる反響言語なども含め、自閉症に関しては肝心なことはまだほとんどきちんとはわかっていないようです。自閉症児の言葉の世界のありさまについて、私たちにはそれを理解する術がない。ここにも私たちの身近に一つの未知の異文化があります。

今の日本社会には、日本語以外の言語を母語とする人もいれば、私が関わっている聞こえない子どもたちもいますし、その他の異質な言葉を持った人たちはいっぱいいるわけです。そして、彼らはそれぞれに、正に、先生のおっしゃる「声を持って」いる。その異質で、かつ多様な声を「聴く」術をどのようにして社会の中に育んでいくか。そこに今後の教育の一つの方向があるのではないでしょうか。異文化を知り、そこから何かに気づき、そして改めて自分の文化の意味や価値を理解すること、この知的作業は手間暇がかかりますが、実際やってみるとスリリングで面白いですよ。子どもたちも考えることの楽しさに気づくのではないでしょうか。

●書記日本語のための文法を、手話をベースにどう捉えるか

田中　確かに音声を通さずに書記言語を身につけさせることは可能だと思うんですが、問題は、教育というのは「ずっとやってれば、いつかできますよ」というのではだめなんで、ある形で体系化しなくちゃいけない。私は「教える」ということについてそもそも懐疑的なんですけど、言語の習得にあたっては、「教える」ことが絶対に必要な局面もあります。例えば、絵本を通して文法関係のようなものを理解させようとするならば、そこにある因果関係をどういう順番で提示し、どういう言語形式が、どういう形で張り付いていくのが、子どもたちにとって最も自然なのかという、そういう体系化は必要です、そういう意味での文法であり、教育であれば、「教える」ことの効用は大きいわけです。

上農　先生がおっしゃるように、教育はだらだらとやっていいわけではありません。私は「教育には納期がある」という言い方をしてきました。限られた期間の中で無駄を出さず、出来うる限り効果をあげるべきですし、特に公教育であれば、そこには社会的責任もあります。聞こえない子ども

たちへの教育はやりようによってはもっと抜本的に効率よく出来ると私は思っているのですが、そのためには現行のカリキュラムを根本的に見直す必要があります。今のようなカリキュラムの縛りがある以上、聞こえない子どもたちに日本語の読み書きの力をきちんとつけてやることはおそらく極めて困難です。教科指導のレベルもいつまでたっても聞こえる子どもたちと同等のものにはなりません。書記日本語の教育をゆっくり、丁寧に、そして徹底して行うためにはもっと多くの時間をそこに投入する必要があります。そのためには他の科目や指導内容を削減するだけの大胆な判断も要ります。現状は「あれも、これも、一通り」やろうとする結果、ほとんどの時間がすべて不徹底に終わり、結局、最も大切な部分の知識や技能が何も身についていないという惨憺たる状況です。本当に憂慮すべき事態だと思います。

田中　そうして聞こえない子どもたちに教えるときには、聞こえる子どもに教えるときとは違う、ある種の発想の転換も必要なんじゃないかと思うんですよ。

例えば、われわれが普通の数学をやったあとで集合論をやると、はじめのうちは全然わからない。でもそこで、そもそも基になる発想が違うんだということに気づくと、あれは非常に面白いものだとわかってくる。この集合論そのものも、言語を介さずにわからせることができるんじゃないかと思うし、似たような発想の転換で書記日本語のための文法も教える方法があるのではないか。例えば、新宿日本語学校の校長をしている江副隆秀という人が外国人に日本語を教える中から案出した江副文法というのがありますね。私も内容を詳しくは知らないんですけど、あれもそういう発想の転換から出てきた文法ではあるんでしょうね。

上農　江副文法については、東京の大塚聾学校が数年前から書記日本語の指導に本格的に取り入れました。江副文法は外国人に日本語の文法を視覚化して教えることを目的として江副隆秀先生によって考案された指導法です。音声言語を習得させて、そこから自然に書き言葉に繋げていくという口話法的な発想ではなく、文法を文法として、つまり文法の規則をそれ自体として直接教えていこうと考えた私たちの発想と江副文法の考え方が合致したという面がありました。また、江副先生ご自身、以前から聴覚障害者との個人的な接点をお持ちだったため、聾教育への江副文法の援用について積極的に協力してくださったという経緯がありました。

田中　私は、江副文法はそれまでの文法とは違うといっても、完全に壊したわけではないと思うんです。もう少し、ある意味の集合論的な文法というか、発想を変えたものができるような気がしてるんですけどね。それは、単純に覚え方、整理の問題ではない。言語で、例えば日本語に「は」の問題があって、いわゆる文法的な発想では説明できないと、私は昔から言っていたんです。「は」を説明するためには、ある種の集合論的な発想が必要。そういうことを結びつけた、新しい発想というのが、日本語教育の中で出てきてもいいんじゃないか。

上農　江副文法はそれを考案された江副先生のお人柄と切っても切れない関係にあります。江副先生という方は猛烈な「創意工夫」の人です。細部にわたるこだわり、湧いて出るアイデア、何とか相手にわからせてやりたいと思う熱情。どの点をとっても人並みはずれたボルテージの方です。江副文法はそのような思いから考案されたものですので、当然、至るところに非常に細かな配慮が施されています。つまり、教える側にとっても、習う側にとっても、文法の説明を理解する際にある程度面倒くさい手続きを遵守する努力をしなければなりません。私個人は、それは当然のことであり、その点を踏まえた上でも、江副文法は日本語の文法構造を外国人に教えるシステムとしては大変すぐれたものと思っているのですが、ただ、この理解の際の面倒くささ、複雑さという点が、聞こえない子どもたちに応用する際、やはりネックになる面があるのは否めません。ですので、大塚聾学校では授業で実際に応用するに当たっては、江副先生からお許しをいただいて、部分的にはわかりやすく作り変えて使っていました。それでも大塚聾学校ではかなりの効果が出ました。

ただし、それは実際の指導に当たられた先生に教える上での高い技量があったからだろうと思います。もし、今後、聾学校の現場で江副文法を採用する先生が増えた場合、果たして本当に使いこなせるかが現実的な課題になっていくだろうと思います。〔江副文法を聾教育に「援用」する場合の難しさについては、二年前の夏に江副先生とゆっくりお話しする機会があった際、直接提言したが、平成二三年の五月、江副先生は、通常のメソッドを聞こえない子どもたち用にやさしく説明しなおしたテキストを作成し、公刊された。この聾教育版テキストの登場で先の「難しさ」の問題はかなり改善された。江副先生の飽くなき「創意工夫」の精神と聞こえない子どもたちへの愛情に深く敬意を表します。〕

山田　例えば、われわれは日本語をしゃべっていますが、この言葉というのは、日本という社会があって、そこに生きるわれわれにとって必要だから、われわれの日常生活が生んだ、と考えられるんですけれど、逆に、サピア=ウォーフの仮説というのは、言語は体験を表すためだけにあるのではなく、体験することを言語によって決めている、と言っている。聾者は聾者の世界の中で、それに必要な言語をつくっていくわけですが、そこに新たな聾者が参加してくると、つくっているものを伝えながらも、プラスアルファが生まれるような言語体系ができてくるんでしょうね。それが日本手話なのかもしれませんけど。

私は、昔、中国に二年間住んでいたときに、アメリカ人の英語の教師がいて、その人が「今日は手話で話しにいく」と言う。その人は、アメリカで手話のサークルに参加していたというのだけれど、「通じるのか?」と聞いたら、「八割は通じる」と。英語と中国語は違うけれど、八割は通じるから中国語の手話の勉強ができる、と言っていた。何か、そういうベースにある文法のようなものって、あるんですか。

上農　山田先生がおっしゃりたいことはわかります。人間にはエスペラントのような「世界共通言語」の夢がありますね。その文脈でいえば、手話の世界でも「ジェスチューノ(GESTUNO)」という手話のエスペラントが作られたことがあります。しかし、これはそれほど普及していないようです。エスペラントもそうでしたが、広がらない理由はその共通言語の中にあると思うのです。ご存知の通り、エスペラントはロマンス語系のヨーロッパの諸言語が基礎になっているので、学習者の母語によってエスペラントを習得する際の難しさに格差が生じます。結局、現実的にはエスペラントではなく英語が世界の共通語になっています。手話の場合も同様で、結局はアメリカ手話が世界共通語になっているようです。いくら英語帝国主義を批判してみても、実際の国際会議等では、これが現実です。

中国の手話とアメリカの手話が八割方通じるというのも、ひとつ間違うと、いろいろな誤解を生みかねない話になりますから注意が必要です。どうもかなり多くの人が「手話って、世界共通なんでしょう」と思っているようですね。おそらく、「手話は身振りの延長したものだから」というイメージがそのような発想を生むのではないでしょうか。ただし、これは誤解です。日本手話もアメリカ手話もそれぞれ独自で別個の文法構造を持っています。ただし、手話単語の中には物の形や動きを模したものもありますから、自ずと類似したものもあります。それらは異国同士でも何となく見れば互いにわかる。そういう面はあります。また、手話の文法は音声言語のそれとはある意味で非常に違っているので、むしろ各国の手話同士の相違の方が所属国の音声言語との違いより小さい面があるかもしれません。日本手話の文法の構造を観察していると、むしろ英語の方に似ていると感じることがあるくらいですから。

●手話通訳にはらまれる問題

上農　音声を介さず書記言語を教える仕組みが公教育の中でもう少しきちんと実現できればいいと思うのです。教育を受けた子どもの全員が学術的なレベルの高度な日本語が書けて、読めるようになる必要はないのです。ベーシック・イングリッシュというものがあったように、専門用語や高度な表現は使えなくても、平たい言葉で、一人の市民として、自分の言いたいことを的確に表現することができる。ちゃんと教育すれば、一人一人をそういうレベルに引き上げることはできますよ。間違いなくできる。聴覚障害児の数はそんなに多くはないのですから。

ただし、次のような問題があります。例えば社会人となり、もはや学校教育を受ける場には戻れない聞こえない人たちがいます。彼らは読み書きを教えてくれる教室があればもう一度、習いたいと言ったりします。私もそのような人たちに個人的に指導を試みたことがありますが、社会人の再学習は非常に難しい。「日本語がきちんとはわからない状態」であまりにも長く過ごして来てしまっているため、その溝はなかなか埋められません。自力で日本語の読み書きがちゃんと出来ないなら、社会とアクセスするには、あとは手話通訳者に頼るしか方法はないということになります。

そうした場合、今度は手話通訳者の問題が出てきます。全通研（全国手話通訳問題研究会）という全国的な組織があるのですが、実際に聴覚障害者が手話通訳をどの程度活用しているのかというと、必ずしも十分に活用されてはいないようです。なぜなのか？　理由の一つに、手話通訳者の手話技能のレベルの低さということが言われています。通常、手話通訳者はまず自治体が主催する手話通訳養成講座を受講し、試験を受けて資格を取得するわけです。その講習会では誰が手話を教えているかというと、聞こえる人が教えていたりしていました。つまり、手話のネイティブではない人が対応手話という音声の日本語に手話単語を振り当てた手話を教えていたりする。たまたまその場にいた聾者が日本手話の表現をすると、「それは間違った手話表現だ」と注意して直させるといった奇妙なことがまかり通ったりしていました。そして、対応手話こそが手話だと思い込んだ通訳者が養成され、現場に出て、それで通訳する。しかし、日本手話を使っている聾者にはその対応手話が非常にわかりづらい。結局、そのような通訳者には徐々に通訳を依頼しなくなる。

これは使用する手話の違いから生じる問題ですが、一方で、もっと単純に、対応手話自体があまりに下手で、用を成さないという場合もあります。私も講演をするので経験があるのですが、通訳者が講演の内容を正確に手話に変換できないため、内容を勝手に単純化したり、場合によっては明らかに誤訳したりすることがあります。最近では講習会のテキストを全国で統一したり、指導法についても研修会を開いて整備しようとしているようですが、例えば聾者が講習会の講師になろうとした場合、そのテキストの縛りが今度は逆に足枷になり、思ったように指導できなくて困惑するという問題も出てきたりします。講習会のテキストに書いてある指示の日本語が十分に理解できなくて、聾者の講師が立ち往生する場面を私も見たことがありました。

もう一つ、手話通訳者の役割の範囲という問題があります。日本の場合、手話通訳者が本来ならソーシャルワーカーがやるような役割まで兼ねてしまっている状況があります。手話通訳として聾者と接すると、話を通訳することだけに留まらず、どうしても聾者の生活の様々な場面に立会い、自ずと相談に乗らざるを得ないような状況が生じてきます。役所への書類申請、家庭内の問題調整、個人的な悩み事などの個人情報にも直接触れることになります。当然、そこには守秘義務という問題が生じますが、責任範囲が不明確なため、それが必ずしも厳守されず、トラブルになることもあります。

また、利用者である聾者に対する理解の浅さという問題もあります。聞こえない人にとって情報の確認やコミュニケーションは常に十分に保障されているわけではありません。当然、意図せぬ誤認や誤解も生じやすくなります。その点を指して、「聞こえない人は平気で約束をすっぽかす」、「常識に欠ける」というような批判を口にする通訳者もいないわけではありません。常日頃、聾者のそばにいるだけに偏見や思い込みが強くなっているわけです。あるいは善意からの思いがいつしか強くなり、「私が助けてあげなければ物事をきちんと出来ない人たちだ」という上から目線の態度になっている通訳者もいたりします。聾者側もそれは敏感に感じますから、たとえ多少手話は上手くても、そのような通訳者は敬遠します。私も講演で手話通訳の方にはお世話になることが多いのですが、講演が終わって、御礼の挨拶をすると、「こちらこそいい勉強をさせていただきました」と丁寧に挨拶を返してくださる通訳者がいる一方で、「手話通訳をしてやったんだ」と言わんばかりに、取りつく島もないように威張っている人もいます。

やはり手話通訳者の「養成」の段階にまだまだ問題が残っているのではないでしょうか。一つには、手話通訳という仕事は単に音声言語を手話に通訳したり、手話を音声言語に通訳したりしさえすればいいというものではないということをもっと徹底して理解してもらうよう教育する必要があります。そのためには、手話という言葉の勉強だけでなく、聞こえない人たちの生活、教育、歴史についても深く勉強しておいてもらうことも不可欠です。例えば、聾者の多くは日本語の読み書きが得意ではないのですが、それは聾者の知的能力の問題ではなく、聾教育のあり方の結果なのだということを手話通訳者はどれくらいきちんと理解しているかといった問題です。

それから手話通訳に対する金銭的報酬の問題も大きな課題です。手話通訳の仕事をしても経済的報酬は極めて微々たるものです。優秀な通訳者でも、それだけではとても食べていかれないほど報酬は僅少です。結局、ある程度時間に融通の利く専業主婦の方たちなどがボランティアに近いかたちでやる仕事になっています。ところが、専業主婦であるため、通訳活動が出来る時間帯に制限がありがちで、これも利用する側からすれば利用しづらい点です。

報酬を十分に払っていないのだから、依頼者の方も通訳者にあれこれ要求は出来ない。きちんと報酬をもらっていないのだから、通訳者にもプロ意識が育たないという状況があります。この報酬の問題は結局、私たちの社会が言語的マイノリティーに対して、どこまできちんと情報保障をする気があるのか、もっとはっきり言うなら、そのためにどれくらいの公的資金を使ってもいいと考えるかという現実的問題です。つまり、私たち一人一人の問題だということです。

春原　でも、それは日本語教師もそうだけれど、社会的な認知度が低くて、収入も低いとなると、そこに集まってくるのがそういう人たちになってしまうというのは、構造的な問題。

上農　聞こえない人たちに関しては手話通訳の他に要約筆記という情報保障の制度があります。従来は透明シートにマジックインキを使い、手書きで要約内容を書き、それをOHPで拡大投影していました。最近では徐々にパソコン要約筆記に移行しつつありますが、やはり、手話通訳の世界と同じような問題がここにもあります。

要約筆記は日本語を読んで理解できる聴覚障害者用の情報保障のやり方で、手話を母語とする人には向きません。だから、理想を言えば、パソコン要約筆記と優秀な手話通訳者の両方が要るということです。

日本には多様な文化を大事にしながら、いろんな人たちと一緒にやっていこうというときに、それらを繋いでくれる仕事を大切にするという認識がまだまだ不足しています。ただ、その認識を育てることも確かに重要で必要ですが、それにはなかなか時間がかかるし、おそらく今すぐには実現、改善できないでしょう。だからこそ、その環境改善に対する努力はし続けながら、同時に、聞こえない人たちが自分自身で情報にアクセスしたり、意見を他者に伝えたり出来るようになることが必要だと思うのです。そのためにはベーシックな日本語の読み書きの力を身につけること、そして、それを実現するための教育の整備は何より急務だと思います。

●分節化が生み出す差別の構造

田中　さきほど話に出た、音声を通さない概念・思考形成の可能性ということに関して、私は昔から夢みたいなことを考えているんです。言語の一番基本的な機能は分節化ですね。つまり、世界が自然に変化をしているつながりではなくて、そこに人間が意図的にある切れ目を入れて認識しているんだということ。もうひとつ言語で重要なのは、その切れ目を入れたときに、切られた複数のものを同質と見ることができるということ。この分節化と同質化が概念形成において重要で、普通、われわれは母語を通してやるんですが、一般的にいわれている言語ではないやり方でできないか。生まれてきた子どもたちが聞こえなくても、たいてい親がすぐには気がつかず、医者に言われてわかるんでしょうけど、そういうときに、その子どもたちに分節化と同質化の機能を、言語ではない形――手話でもなく、もちろん日本語でもない、自然言語ではない形――で教えることが、私は可能ではないかと思っているんですけどね。例えば、遊びを通してそれを体系化していく。文法性を身につけるということは、基本的にその上にのっかってくるものなんで、そういうやり方っていうのは、聴覚障害児に関しては、最も必要性があると思うんですね。そういうものを開発し、教育をそういうところから始めることができれば、教えることは素晴らしいと思うんですが……。

上農　異を唱えるようですが、一点だけ、分節化と同質化があるとおっしゃったことについて、私は次のように考えています。最初、生命は周囲のものと連続していて、渾然一体、区切りのない世界にいるのだと思います。非常に心地良い状態です。ところが、否が応でも人間は成長せざるを得ないメカニズムになっていて、そこに分節化が起きる。田中先生は、分節化して一つだったものが二つになるとき、二つに分かれたものは同質なんだとおっしゃったけれども、私はそのことをもう少し違う見方で説明するべきではないかと思っています。

田中　私が言ったのは、二つに分かれた中の、個々のものを同質と見るということです。例えば、犬と狼をずらっと並べて、あるところで切るとする。そのとき、犬というのは、個々で違うはずです。小さいのもいれば、狼に近いものもいる。でも、それを同じものとして捉えることが、人間はできる。その意味での同質性です。

上農　犬と狼を分けた瞬間、共同体の文化的価値基準において、そこに何らかの差をつけているわけですね。でも、それは便宜上、文化がある時代、ある権力構造の中でつけたものに過ぎない。しかし、それをもう一回同質化する手続きの段階がある。その手続きを可能にするもの、それが言語だと思うのです。

田中　まさにそうですね。

上農　もう一回、言語で問い直さない限り、その権力の差というのは、実質化されてしまい、不平等が続いていくわけです。世界を分節するという行為も、人間という種が外界を捉え、理解し、そこで生きていくためにやむを得ず選択した方法だったのだろうと思うのですが、その瞬間、物事を序列化するという権力が生まれてくる。弱いものと強いもの、押さえつけられるものと押さえつけるものの誕生。だから、それをもう一回、調整し直すために言語が要る。手続き上、分節化しているだけであって、本来は同じものであると。その問い直しの作業を可能にする能力を育むのも教育の大切な役割だと思うのです。

●差別の構造を問い返す方法

田中　分節化したときに、そこに価値の差を生むというのが、まさにわれわれのやっていることですよね。ただし、それは文化によってつくられたものなんであって、言語というのも文化を伝えるためのもの――私は、言語というより「言説」だと思っていますが――、それは崩すことができて、崩すことも言語によって行わざるを得ないわけです。分節化と同質化によって価値の差を生むということ、それが差別というものの基にある。一般には、言語は、その価値の差を仲間に伝えていくためにある。仲間であってほしいんだけれど、異質なものも出てきてしまう。そこで、言語というものを、ある価値観を伝えるものではないんだという「壊し」がないとダメ。

ある言語政治学者によると、子どもというのは――それは聞こえる子どもも、聞こえない子どももそうだと思うんですが――、そうした気づきを、実は持っている。大人の世界はおかしいと、子どもはみんなどこかで思っている。でも、教育を受けて、社会化されるにつれて、そのおかしさを持っていると生きがたいということも身につけてしまうから、自分からマジョリティーの中に入ってしまう。その子どもが持っている、大人の社会に対する違和感――「ジャリジャリ感」とでも言ったほうがしっくりするんですが――を言語とは別の形で育てるために、分節化・同質化から始まって、既成の概念化、価値付けなどを壊していくような教育というのは、聴覚障害児の教育の中では考えられているのでしょうか。

上農　いろいろな問題をはらんでいますが、聞こえない子どもたちの中で、先生がおっしゃったようなことに気づくのは、手話もできて、読み書きも縦横にできる子どもたちなんです。第二言語という異文化の言葉を身につけて初めて、自分の中の違和感に気づき、それを言語化し、人に伝えていくことができる。先生がおっしゃっているような「言語とは別の形で」というロマンティックな夢は、私も嫌いじゃないけれども、現実に、この子たちを生きやすくするためには、当面は、言語で作られた、つまり「言説」で組み立てられた根源的な差別の構造は、言語自体で突き崩していくしかないと思います。

田中　私も、現実は、そう思っています。

上農　例えば、すべて言語化しようとしたときに、言語化しきれずに残ってしまうものがあるとする。ヴィトゲンシュタイン的に言うなら、そのような想定自体認められないかもしれないし、あるいは、「ならば沈黙せよ」と言われるのでしょうが、まあ、ここではそれは不問にしておくとして、「言語化される前の何か」「言語化され得ないもの」というような形で何かを想定し、そこに過剰な価値を置くのは構わないのですが、少なくとも、言語の教育をしようとする場合、そのような夢想はあまりにも脆弱なものしかもたらさない気がします。言語に関する現実を鋭く見直すための思考としては力がない。力が弱いから価値がないというわけでは全然ないのですが。現実の複雑さを読み解くためには、一度そのようなロマンティックな発想から離れる必要があるように思います。「言語とは別の形」などというものを想定せず、言語なり言説によって作られている価値観によって成立している不平等な何かは、言説自体として徹底的に見つめ、その由来を読み解くことが何より大事だと私は思います。そして、そのためには、書記言語を介した論理的思考をしっかり身につける必要があるというのが私の考えです。むろん、聞こえない子どもたちにとっての読み書きの言葉も同じ意味合いにおいて必要不可欠だということです。

言い足しておきますが、私は「教えない教育」という考え方にも反対です。少なくとも、聴覚障害児教育に関する限り、ある意味で言えば、今まで聞こえない子どもたちが不全感なく、すんなり「わかる」状態で、物事をきちんと「教えられた」ことはほとんどありません。だから、必要なことは、むしろ一日も早く「きちんとわかる」ように教えることなのです。そのことをしないでおいて、教えること自体を放棄するような考え方はナンセンス以外の何物でもありません。百歩譲って、もし「教えない」というなら、教育ということ自体から手を引くべきでしょう。「教えない」と言いながら同時に「教育」と言い張ることは、「切れないハサミ」、「火を消さない消防士」と言うのと同じく、まったくの言語矛盾です。私たちがやろうとするのが教育である限り、問題の根本は、どのようにわかりやすく子どもたちに日本語の読み書きの技能を教えられるのかという、どこまで行っても指導方法、指導技術の問題です。私は、少しでも、この技能を聞こえない子どもたちに身につけてほしいと思っています。そして、その技能を使って何を社会に訴えるか、何を伝えるか、それは聞こえない子どもたちが決めればいいことです。その表現が可能な限り縦横に出来るようにしておいてやる、それが教育に当たる者の責務だと考えています。

●日本の教育のあり方

上農　大学で学生たちを教えていて感じることがあります。学生たちは二分化されています。マジヨリティーである大人たちから教えられた価値基準と行動規範がある。違和感のあるものであっても、これに乗っかってしまえば楽に生きられると気づくわけですよ。恵まれた家庭環境に育ち、有利な立場に立った者は、賢く判断してそちらの方向に走っていく。そして、人よりも多くのものを得て、それを保持し、そのシステムを支配管理する側を目指す。一方、学校教育の途中で自信を失い、能力も身につけられなかった者たちは、仕方がないと、小さくなって生きている。どちらにしても、そうしたシステムのいかがわしさ、不平等さ、不公正さには決して気づかないように、今の教育は実に周到に教育していく。いわゆる勝ち組による植民地支配教育とでもいうしかない状況です。

田中　まさにそうですね。

上農　決して目覚めさせないようにしている。だから、私は小中高とあまり勉強が得意ではなかった学生たちに次のように言って励ますことにしています。君たちは学校の勉強があまり好きになれなかったのだろう。つまり、敷かれたレールの上を上手く走れなかった。そのために自分の持っているエネルギーを手際よく使えなかった。それは、ある意味で幸せなことなんだ。本気で頭を使っていなかった分、余力が残っているのだから。大学ではそれを使って本気で勉強してみてはどうだろうか、と。

ただし、いったん剝奪された自信を取り戻させるのは結構大変な仕事で、生半可なやり方では、本気モードに火をつけるのは難しいのも事実です。しかし、それがまったく無理かというと、そうでもありません。スタートが遅い分、華々しい成果というわけにはいきませんが、ゆっくりゆっくり自分の足で走り出す者もいます。それに比べ、目端の利く子どもたちはある時期に「暗記で乗り切っていけば何とかなる」という術を覚え、ずるくなってしまうように思います。出来るだけ最小の努力で、効率よく、点数を取りたい。結果として、点数や評価や資格を得られさえすれば、それでいい。このやり方の味を一度知った学生の考え方を変えることは至難の業です。この種の「頭のいい」学生たちは時間をかけ、じっくり考えることを非常に嫌がります。「先生は答を知っているのでしょう。じゃあ、それを早く教えてくださいよ。それを覚えた方が早いから」と真顔で言う学生が実際いたりします。こうした目端の利く小賢しい人間か、逆に自信を奪われ、それを取り戻す機会のないまま小さく生きていく人間か、今の教育はこの二種類の人間しか作り出していないような気がしてなりません。そして、悲しいことに、どうも、大人も子ども自身も、それを肯定しているような気がします。

田中　安心・安全を求める社会に、日本は完全になっていますからね。そこでは、異質なものは黙ってもらうのが一番いい。東京都の教育なんて、完全にそう。

上農　私が関わっている世界でいうと、障害児にしても、出生前診断という医療技術の進展により、生まれてくる子どもの障害の有無が母体の中にいるときからわかるようになっています。そして、選択的中絶によって、この世に生まれる前にそのような障害のある命は排除してしまおうということが進んでいるわけです。そのあたりが、田中先生たちが取り組まれている在日外国人やその子どもたちに対する日本語教育と事情が異なるところかと思います。先生方の世界は国籍や人種という差異をめぐる問題ですが、その人たちの存在は最低限まだ一人の人間として一応扱われ、認識されているのではないでしょうか。しかし、障害児の場合、その存在自体、つまり個体の生命そのものが医療技術によって排除されようとしているというＳＦ的な事態に至っています。先生が言われたように、多様性とか異質性を歓迎しない社会への変容は、皆さんが実感されている以上に、深く静かに進んでいるのではないでしょうか。多様な身体状況の人たちにもこの社会に来てもらおうという合意、お互いに差異、違いを尊重していけるような、そういう社会を意味のある世の中だと感じる価値観は加速度的に希薄になりつつあるように見えます。実際、医療技術の「進歩」により、出生前診断で事前にわかる障害の種類は徐々に増えています。「悪いけど、税金も掛かるし、医療費もかさばるので、生まれてきてからじゃ言いにくいから、お腹の中にいる間に障害児は中絶してもらおう」という方向に徐々に合意形成がなされているのではないでしょうか。

それはどこか違うんじゃないかなと思いつつも、社会の空気を見ていると、皆が面倒なこと、余計な負担が増えることを避ける方向に傾きやすくなっている。話し合って、何とかしようなどという雰囲気が消えつつある。私の場合、ささやかな経験ですけど、聾者と手話でやりとりするときは、私の手話が心もとないせいもあって、それはもうしんどい状況になります。言いたいことが十分伝わらなくて疲労困憊することもあります。例えば、聞こえない知り合いと一緒に旅に出たりしても、二日目ぐらいには「何で一緒に旅行なんかに来てしまったんだろう」とお互いに後悔したりすることがあります。こんなにしんどいなら、耳の聞こえる人間だけと付き合っていた方がいいと思うことすらあります。尋ねてみたら、聞こえない相手もまったく同じことを考えていたこともありました。気を遣って互いにへとへとに疲れる。二度と付き合うもんかと思いながら、しばらくするとまた会って、あれこれ話をしている。そんな紆余曲折の付き合いの中から、少なくとも私はゆっくりゆっくり、いろんなことを聞こえない人たちから教えられてきました。

だから、私は学生たちには、障害者と付き合うときは腰を据えて、じっくり、長い間、付かず離れず、気長に付き合えと言っています。何年も付き合ってみなければ相手のことはわからない。ましてや、自分とは違う異文化なのですから。繰り返し、繰り返し、話してみることだと言うのですが、この本気で話すということが不得意な若者が本当に多いように思います。あるいは、それを面倒くさがる者も少なくありません。そのような若者を私たちの社会は量産しつつあるのではないでしょうか。これはやはり非常にまずいのではないか。だから、私たちの一人ひとりが、しんどくても、必要なら議論をきちんとする、言葉が通じなければ、歩み寄って、通じ合う言葉を探す努力を厭わない、そうした態度を大切にする必要があるような気がします。しかし、周囲を眺めていると、そういう感じの人が少ないように感じられます。そして、皆一様に二言目には「忙しい、時間がない」と言いますね。

春原　皮肉ですよね。多文化・多言語主義とか、複文化・複言語主義とか、多文化共生とか、逆らいがたい言説としてある一方で、ものすごい均質化が進んでいる。

多くの聴覚障害者が声を持つために、音声言語を介さずに書記言語を身につけていくためのシラバス、カリキュラム、教員養成が必要である、と。もう一つ、完璧な言語を身につけるとか、完璧な言語があるみたいな発想があって、日本語でも変な日本語とか外人の日本語みたいな言い方があるけれど、そうでなくって、伝わるということと、言語の完璧性には乖離があって、そこに、上農さんの言葉でいうと、最低限の実用に耐え得るレベルというのがあるのか、と書かれていますよね。今ある書記言語それ自体が、本当にそれでいいのか、という問い直しが、もう一方でないと、エリートは声を持てる、書記言語を身につけられるけれど、多くの人たちは、いつまでたってもセミリンガルの状態に置かれてしまうという気がします。セミリンガルをつくりつづけているということになるのではないか。

●「ろう文化宣言」をどう受け止めるか

春原　もう十五年前になりますが、『現代思想』で「ろう文化特集」が組まれ、その誌上で「ろう文化宣言」がなされたのは一つの事件であったと思います。その冒頭に記された「ろう者とは、日本手話という、日本語とは異なる言語を話す、言語的少数者である」という規定につづいて、それまでの「ろう者＝障害者」という病理的視点から、「ろう者＝言語的少数者」という社会文化的視点への転換を迫ったことで、多方面にインパクトを及ぼしました。私も、大学の授業で使ったり、上農さんにも来ていただいて。最近、異文化間教育学会、社会言語科学会、国立国語研究所のシンポジウムで、日本手話、ろう文化が取り上げられるようになったんですけれども、取り上げられるようになった反面、聾教育自体は特別支援教育のほうに統合されていって、聾者が集団でいられなくなってくるようなことが起きているのではないか。

十五年経過して、学者や研究者からずいぶんと取り上げられるようになったのと現実との乖離があるような気がします。そのあたり、上農先生に来ていただいた五、六年前に比べて、今は変わってきているんじゃないかという気がしているんですけど……。

上農　春原さんがおっしゃったように、「ろう文化宣言」が出て、ろう文化や手話の問題が人文社会科学系の研究者に注目されるようになったということはありました。文化論や言語社会学、多言語論、言語学の領域で問題を考えている人たちに知的刺激を与えたということは事実としてあったと思います。しかし、その一方で、これは見落とされがちな点ですが、一部の例外を除いて、肝心の聴覚障害児に関わる教育や医療の世界に対する直接的、本質的影響はほとんど及ぼさなかったという面があります。

「ろう文化宣言」に込められた主張は何だったか。そこに流れる思想はどのようなものだったか。それは一言で言えば、「ろう者とは日本手話という言語を母語として生きている言語的小数集団なのだ」ということです。そして、「その母語である日本手話は音声言語に比べても何ら遜色のない同等の価値を持つ、ちゃんとした自然言語なのだ」ということです。ここから当然の帰結として、次のような要求が出てきます。「ろう者の集団は日本手話により何の不全感もなく相互にコミュニケーションをしているのだから、その言語集団のあり方をそのままのものとして認めてほしい」、つまり、「そこに無理やり音声言語や音声言語を基盤とする対応手話を持ち込んだり、それを強要したりしないでほしい」ということです。ですから、この考え方には、口話法という音声言語の習得を目指してきた従来の聾教育のあり方に対する強烈な批判、否定が含まれています。言わば、今までその存在を無視され、見過ごされてきた少数民族が、自らの少数言語の保持を主張して立ち上がった民族自決的主張であったわけです。そこには、見ようによっては確かに「抑圧され、衰退させられている稀少な文化的価値」というロマンティックな問題状況があり、その中から立ち上がった「もの申す当事者たち」という注目すべきマイノリティーがいたため、そこに過剰な意味を読み込みたがる一部の研究者や知識人を強く惹きつけたという事情は事実あったし、そのことはきちんと指摘しておく必要があると思います。

しかし、当時も今も事態はおそらく変わっていないと思うのですが、この「騒動」というか「事件」に対する当の聞こえない当事者たちの思いと現実的対処との関係は非常に複雑な様相を帯びたものでした。それは、この問題に関わっている専門家たち（教師、医療関係者、専門研究者、親）についても同様です。つまり、この「事件」に関心を持った外部の人間の受け取り方と内部の人間のそれとは必ずしも同じものではなかったということです。それはおそらく今もそうだろうと思います。

要するに、「ろう文化宣言」は非常に単純明快でわかりやすく、歯切れのいい、その分、格好いい主張だったわけですが、それが投げかけた真の意味は、その単純明快さとは裏腹に、非常に複雑な問題だったということです。外部からこの問題に魅入られた人たちはしばし熱中し、盛り上がり、そしていつしか去って行ったわけでしょうが、当事者や専門的に関わっている人間は今もまだ、その「複雑さ」と「困難」の真っ只中にいて、ある者はもがき続け、ある者は黙考しています。

例えば、日本手話という手話が聞こえない子どもに対して持っている自然性、合理性、必要性があり、それはある意味で議論の余地がないものです。しかし、それが如何に否定し難いものであったとしても、その手話の獲得環境を実際に聞こえない子どもに与えようとなると、様々な現実的困難が立ちはだかるのも事実です。それは一部の家庭には乗り越えられるものであったとしても、多くの「普通」の家庭や大都市部以外の地域ではほとんど実現可能性のない夢想的「環境」だったりします。

さらに、手話をどのように実際の生活や教育に取り入れていくかという発想自体を端から眼中に入れないかたちで、聞こえない子どもたちにあくまで音声言語を習得させようとする対応がますます勢いづいているという否定し難い現実が一方にあります。それが人工内耳の普及と浸透です。そのことを考えると、「ろう文化宣言」は一部のインテリには受けはしましたが、聞こえない子どもたちに関わる、そして決定的な影響力を持つ医療やそれを支持する親たちの意識にはほとんど届かなかったのではないかということを痛感させられます。

今言ったのは「ろう文化宣言」が持つ外部との問題ですが、内部的にも実はいろいろな問題を含んでいました。例えば、「ろう文化宣言」は「ろう者は言語的少数民族なのだ」という主張を含んでいたのですが、もしその主張を強調すれば、「単に言語的少数民族ならば他にもいるわけだから、障害者としての公的支援、福祉的援助は不要ということになるのではないか」という予期せぬ反論、批判にさらされるという事態を招きます。つまり、「少数文化」「少数言語」「少数集団」という文化論的文脈で自らを語れば語るほど、この矛盾に陥ってしまう。と同時に、このような文化論的主張は他の障害者集団から、「自分たちは障害者ではないと主張することで、他の障害者を差別する差別内差別ではないか」という非難を浴びた面もありました。

このような難点が自覚されたからなのか、実際、「ろう文化宣言」で主張された文化的側面の主張はその後徐々にトーンダウンしていきました。敢えて挑発的な主張を社会に向けて発信し、耳目を集めるという当初の目的がある程度果たせたので、ラディカルな主張は引き下げたのだという戦略的後退とも考えられますが、やはりこの文化論的主張の意義が曖昧になったのは私個人としては残念だと思っています。この問題の中には非常に大事な事柄が含まれていたと思うからです。

内部的問題は他にもあります。「ろう文化宣言」に書かれた考え方を産んだ基盤というか、背景には「Dプロ」という聾者の集団がありました。従来の聾者のあり方とは袂を分かった先鋭的、急進的考え方を持った若い聾者が中核になった組織です。彼らはアメリカのデフのムーブメントから強い影響を受けていて、聾者の生き方に独自の文化的価値があることを強く意識した人たちでした。また、その独自の文化を根底で支えるものとして日本手話という聾者独自の「言語」の重要性を主張したわけです。また、そのような障害者の自立的な行動に共感し、積極的に支援した研究者もいましたから、そのような支援者からもたらされた考え方からも影響を受けてもいました。つまり、様々な意味で非常に知的で意識の高い聾者の「異議申し立て」の行動だったということです。

確かに、それは必要だったし、意味のあることではあったと思うのですが、それが時間をかけ、聾者全体の中からゆっくり、自然に湧き出して来た主張だったかというと、そうは言えない面があります。例えば、地方の小さな町に暮らす普通の聾者は当時も今も「ろう文化宣言」の存在さえ知りませんし、仮に知ったからといって、その主張の意味を理解できない人もいるでしょうし、理解したとしても、そのことに特別な関心を示すということもない人の方が多いのではないでしょうか。

「ろう文化宣言」が発表されたとき、そこに「日本手話を使っている者が聾者なのだ」という主張が含まれていた結果、対応手話を使っている難聴者から批判の声があがったのですが、そのこととは別に、日本手話を使っている一般的な聾者にとっても、「ろう文化宣言」がどこまで聾者全体の意見を反映したものかどうかという問題は残っていたと思いますし、そのことはいまだきちんとは議論されていないような気がします。むろん、「ろう文化宣言」は、そのようなことは承知の上で、あの時期に敢えて意図的な挑発を込めて社会に向けて発信されたものだったわけですが。

それから、「ろう文化宣言」のもたらした影響についていうなら、私個人としては次のような不満もあります。「ろう文化宣言」の根底には聞こえない人たちの存在を本当の意味で大切にすることを社会に向けて主張するという目的があったのだと思います。そうであるなら、聴覚障害児に関する教育と医療の問題を看過することは出来ないはずです。なぜなら、教育と医療のあり方こそが最も強力に聞こえない子どもたちのあり様を規定、拘束しているからです。例えば、人工内耳の加速度的な普及、浸透という問題に対して、「ろう文化宣言」に関わった人たちはほとんど何も発言せず、傍観しているようです。たとえ批判の声を発しているとしても、それは医療側にはまったく届いていません。

「ろう文化宣言」が確かなものとして社会に残したものは何か。それは、それまでほとんど知られることのなかった日本手話というものの存在とその意義を知らしめた、そのことだったと思います。そのことから不可避に派生した難しい困難な諸問題については、それを考えるべき人間、つまり、当事者と関係者が時間をかけ、こつこつ考え続けていくしかないだろうと思っています。

●同化圧力をはね返して多様性を大切にするには

上農　聴覚障害者が進むべき方向について、両極をなす二つの考え方があるわけです。ひとつは、人工内耳を埋め込んで聞こえるようにし、音声言語の世界に同化すればいいではないかという考え方です。ただし、この対処法には、「人工内耳を埋め込みさえすれば、どんな聴覚障害児も皆、聞こえる子どもと同じように聞こえるようになるのか」という点にまだ疑問の余地が残っているという問題があります。

もうひとつは、「ろう文化宣言」に代表されるように日本手話を母語とするように育てればいいではないかという考え方です。この考え方は、日本手話を母語（第一言語）として、書記日本語を第二言語とするバイリンガル（二言語）教育を標榜するわけですが、肝心の書記日本語の教育面に関し、具体的な指導法を確立できていないという問題を残しています。

しかし、どちらの考え方に偏重しても、聞こえない子どもたちが日本語の読み書きの力をきちんと身につけるという点については問題が出てくることが予想されます。前者は結果としてセミリンガル、つまり、音声言語、書記言語、手話のどの言語をとっても皆中途半端な状況の子どもを作り出す危険性があるし、後者は結局、従来の多くの聾者がそうであったように、日本手話を母語に出来たとしても、日本語の読み書きには不全感を抱えたモノリンガルの子どもを生むことになるだろうということです。ですから、私は、現在、二極分化し始めているこれらの動向にはいずれにせよ共感はしていません。あくまで、きちんとした書記日本語の教育を重視する立場です。それがなければ、現実的には、真の意味で聴覚障害者の自立的な権利保守は叶わないだろうと思います。

田中　そういう意味でのマイノリティーの自立ということの前提として、多様な文化のあり方を認めるということがあります。けれども、私は、ろう文化宣言にしろ、いろいろなところで「文化、文化」っていうのは、実は気にくわなくて、文化がたくさんあって、それを認めていきさえすれば多文化だっていうのは、決定的に困る。そうではなくって、マジョリティーが持っているのも単なる一つの文化に過ぎない。それは、つくられたものであり、歴史的に民族――私は「国家民族」と言いますけれど――、その国家民族が、たまたま持ってきた文化に過ぎないんだから、壊すことができるし、壊してみようとしなければいけない。そういう視点から見ると、「教える」っていうのは、マジョリティーの、たまたま一つの文化に過ぎないものを絶対視するということが暗黙の前提になっている。そこに気づいてもらいたい。日本語教師もそうだし、それ以外のところでやっている人もそう。

マジョリティー側が、そのことの危険性を、まず認識する。そのことが、実は、マイノリティーとマジョリティーの人間との間にコミュニケーションを生み、マジョリティー側の先生が変わっていく契機になる。

上農　「文化」という概念をどのようなものとして理解するかという問題は実は非常に難しいと思いますね。その理解の仕方によって、「文化」というものにどのような価値を置くかも違ってくる。一つだけ言えることは、分散した文化を分散したまま尊重しようとすれば、そのためのコストは間違いなく高くなるということです。そのコストを払ってでも、文化が分散していることに価値を見出すか。そのことに社会の同意、合意が成り立つかという現実的問題だと思います。分散した状態を好まないなら、より多数派の方に同化させざるを得ません。むろん、ここで言っている文化の分散とは異文化のことです。

私が関わっている聾教育のことで言えば、むろん、誠実な仕事をしている先生方もいますが、その一方で極めておざなりな対応をして、知らん顔をしている先生もいます。あるいは、遮二無二、喋らせたり、聞き取らせたりすることが必要だと考え、熱心にそれを強要する先生もいます。いずれも、「聞こえない」という異文化の世界にいる子どもたちの状況を大切にしているとはとても思えません。私はただそれが異文化だから大切にせよと言っているわけではありません。聞こえない子どもたちは音声言語のみを押し付けられたら、ものごとがきちんとは理解できなくなるのです。極めて単純な話です。例えば、外国人の親を持つ子どもが日本で生まれた結果、日本語の習得に困難をきたすという状況とは根本的に次元の違う問題です。なぜなら、その場合、その子どもは外国語である日本語を聞き、たとえ時間がかかるとしても徐々にそれを身につけていくでしょう。しかし、聞こえない子どもにはそのような状況は決して訪れません。どんなに時間が経っても、外国語であるその音声の日本語がきちんと聞こえることはないわけですから。

このような状況にいる聞こえない子どもたちに対して、教師は「聞こえない」という異文化の特質を踏まえた適切な教育が出来なければならないはずです。しかし、実際は、無責任なおざなりな対応が黙認されたり、勘違いした思い込みで抑圧的な教育が励行されたりしています。こうしたずれた状況を生んでいる原因の一つに大学における教員養成の問題があるように思います。私も大学で禄を食んでいる一人ですが、教員養成の中で、「教える」ということが持つ社会的責任の重さをどこまで本当に理解させているのか。異質なものを含みこんだ多様性のある社会を保持するために、それを背負っていく子どもたちを育てることが教育の目的だということを、どれだけの先生が骨身に沁みてわかっているのだろうか。驚くような手抜きの杜撰な授業や、やる気のない、ただ単純に下手な授業をしている現場の先生の姿を見たりすると、たとえそうではない熱心で誠実な先生が一方でいるとはしても、つい悲観的な気持ちにならざるを得なくなるときがあります。この数年、「特別支援教育」という制度改革が実施されたわけですが、現在、障害児の教育は本当に大事にされているのだろうか。少なくとも、聴覚障害児に関する限り、私の目にはそうは見えません。そして、このことは一般の教育のあり様とも無関係ではないのではないでしょうか。つまり、今の日本の教育がいったい何を目指しているかという問題です。

●表面的な効率を求めて陥った教育不全を打破するには

上農　私が大学で教えている学生の中には小・中・高と成績がいまひとつ振るわなかったという若者たちもいます。彼らはその結果、自分なりに勉強するという気持ちを持てずにいるし、本当はどう勉強していいのかもわかっていなかったりします。よく話を聞いてみると、小学校ぐらいから実は教科書がわからなくなったという者もいます。そこで私は、「じゃあ、講義の際、ものごとを説明するときは出来るだけ言葉はやさしく嚙み砕いて話すぞ」と言うことにしています。彼らが理解できない難しい言葉を使って説明しても、結局、何も伝わらず、意味がないことになるからです。わからない言葉の上にさらにわからない言葉を上塗りされて、彼らは小・中・高校と過ごしてきて、きちんと勉強する気持ちをすっかり無くしてしまっているわけですから、大学でそれをまた繰り返すのは本当に意味のないことです。

私は出来る限りのことを、出来る人が、出来るときに、出来る方法でこつこつ実行すべしという主義ですから、どんな基本的な事柄でも、可能な限り、基礎的なレベルに戻って説明します。必要であれば漢字の歴史や由来から読み書きのテニヲハの使い方まで懇切丁寧に説明します。時と場合によっては小学校のようなレベルの話をするときもあります。しかし、そこまで降りていくと、彼らには言われていることが掛け値なしにきちんと「わかる」のです。当たり前と言えば至極当たり前なのですが、この自分の頭で誤魔化しなく「ちゃんとわかる」ということが大事なのです。「わかる」経験（感覚）の取り戻し。それが私の狙いです。そういうふうに教えると、彼らは本当に自分の頭で考えるようになります。すると、今度は少しだけ考えることに興味と自信を持つようになり出します。中には二年ほどで見違えるように知的に伸びる学生も出てきます。彼らはほとんど受験勉強をきちんとしていないので、その分、ある意味で残余能力が多量に残っています。本気でやれば伸びる部分がたくさんあるし、本人たちも変われたという手ごたえを実感できるから、喜びます。私は哲学の授業もするのですが、「先生、最近、何だか哲学が面白くなってきました」と言ってくる学生もいます。やり方次第でこれだけわかるようになるのだったら、どうして小・中・高でもっとわかるように教えてやれなかったのだろうかと、かわいそうになります。本来の能力が順当に伸びていない学生が少なくありません。

山田　内容も学ぶべき内容じゃない。

上農　小・中・高の勉強は、教えようとする情報量が多すぎるため、勢い教えるスピードも早くならざるを得ません。だから、勉強とは暗記でこなして行ける者だけがついていけるサバイバルゲームになっています。なぜ多量の情報を早い速度で教えようとするのか。それは、子どもたちを成績により序列化する必要があるためでしょう。この暗記のサバイバルゲームの中では、真っ当に、ゆっくり、じっくり考えるタイプの子どもは途端に遅れてしまいます。本当ならば教える内容はもっと絞り込んで、減らせばいいのです。それをじっくり考えさせながら、ゆっくり教えればいいのに、それをしない。大学も同じことを繰り返しています。朝から夕方まで専門用語の羅列の講義が詰まっていますが、学生たちはそれをきちんと理解しつつ聞いているわけではありません。小・中・高のときに積み残してきた「わからない言葉」がごまんとある以上、その上に成り立った専門用語を理解できるわけがありません。それなのに、そこにまた繰り返し「わからない言葉」の上塗りをしようとしている。本当に時間と労力の無駄であり、無意味な浪費です。そして、その結果、学生たちに残るものは、常に劣等感と自信のなさだけです。

山田　私は、外国から来て、日本で育ち、日本の社会の中で生きていこうとして問題に直面している子どもたちに関わっていますが、その子どもたちにも日本の教育のあり方が影を落としていますね。東京都の高等学校へ外国籍の子どもたちがどのくらい進学したかを毎年調べているところがあるんですが、その調査によると進学したのは五割を切るっていうんです。

それともう一つ大事なのは、その子たちがいつ日本に来たかということで、来たばっかりで受験というのは入りにくいのは当然として、しばらく前まで来日して二年ぐらいまでは高校進学は難しいとされていた。ところが今は逆で、日本生まれとか、学齢前に来日して、日本で教育を受けた子たちのほうが入らない。要するに、そこまで学力が伸びない。

そこで指摘されていたのは、おそらく日本の学校教育が、外国から来た子どもたちにとって、高校に進学するための一番の阻害要因になっているということ。そうなると、日本の子どもたちにとっても、日本の学校教育が、その人間が伸びていくことの阻害要因になっているんじゃないかと思うんです。外国人の子どもたちの問題を通して見えてくる、日本の教育そのものの問題をちゃんと考えなきゃいけない。聾者の子どもたちの教育にも同じことが言える。教育が子どもたちを育てないようにする阻害要因として働いちゃっているんじゃないかと思うんです。

春原　私もここ五年くらい外国からの看護師とか介護福祉士の受け入れにかかわってきて、これもうまくいっていない。そこでつくづく思うんですけど、医療福祉業界や政府が試行錯誤していたり、七転八倒しているのならまだしも、そうじゃなくって、無作為なんですよ。だから、うまくいかないのは無作為の罪。実際は、金だけばらまいて、数字的な目標だけを管理して、後は無作為ですよ。

上農　教育行政の担当者は、支援を必要としている子どもたちにとっての真の利便とか幸せを少しでも本気で具現化しようという基本的なマインドがどこまであるのでしょうか。そのような気持ちが希薄で、しかし、仕事だけは効率よく捌ける「有能な人」が教育行政の中枢や要所にいれば事態は本質的な方向にはなかなか進まないでしょうね。他者のことを思いやるとか、困っている人を見たときは何とかしようという気持ち、「惻隠の情」ですね、大学を卒業するまでにそんな気持ちが微塵も培われなかったような人たちを日本の教育はたくさん生み出してしまったのではないでしょうか。社会の要所をそのような人たちが占めているとすれば極めて深刻な問題です。無作為も何も、他者の困窮や苦しみを理解できないのであれば、本当の改善は何も始まらないわけですから。

このような状況のままではマイノリティーはいつまでたっても浮かばれないし、やっていられませんよ。どうすれば立場の異なる人たちが公正に安心して一日を過ごせるか、それを考えることがとても大事なことだということを、やはり、小さいときから子どもたちにじっくり考えさせるような教育が必要ですね。ただし、それは、「互いにやさしい気持ちを持ちましょう」的な歯の浮くような偽善的教育を通してという話ではなくてということです。他者の存在に対する敬意というものは、徹底した現実的思考力からしか生まれないと私は思っています。「やさしさ」の大切さを説くなら、まず徹底した「考えさせる教育」こそが必要なのではないでしょうか。

また、社会の大人たちも、そのような考えを体現する存在として子どもたちの目の前にいる必要があります。しかし、その大人たちの口から若者に対する批判や文句を聞くことが少なくありません。大学にいても、教員自身がそうした批判を口にすることがあります。しかし、こういう若者たちを育てたのは、私たち大人ではなかったのでしょうか。私はそう思います。

山田　その視点がものすごく大事だと思いますね。この国のあり方とかそういうものに責任を持つ主体――それを私自身の言葉でいうと主権者っていうんですけど――、そういう主体である自分がどうやっていかなきゃいけないかという考え方をしっかり身につけさせるっていう、それはすごく大事なことですよ。だから、私自身がこういう社会をつくった一人の人間なので、私自身はどう動いたらいいかと、そういう気になるんですけど。そこがなくて批判するというのが一番問題。問題を先送りしてるっていうか。その人たちは、口で言うのはもういいから、とにかく行動しろよって。そうしたら何かがちょっとは変わるかもしれないと、そう思うんですけど。大学教員には、それさえない人が多いです。

上農　私自身、まだまだ努力不足なのですが、大学の教員は少なくとも自分が出会った学生については、本気で向き合い、きちんと対応すべきだと思います。たとえ、つき合ってみたら基礎的な学力に問題を抱えているとしても、四年間という時間を預かった中では、出来得る限りのことを精一杯すべきではないか。その努力の成果をどうこう批判する前に、対応の上手い下手をあげつらう前に、まず小さな努力をしてみる。すると、「ここにはこうやって人と本気でつき合う大人がいるんだ」ということに学生たちは気づきます。意外な気もするのですが、自分たちと本気で向き合ってくれた大人に出会ったことがないという若者は少なくありません。私はときには学生と口論になったりもしますが、年齢も育った環境も何もかも違うわけですから、それは致し方ないと思っています。遠慮なく、互いに言いたいことは伝え合う。そこから逃げないようにしています。学生の相手をするのは正直、かなりエネルギーも使いますが。しかし、社会から大学の教員に付託された仕事の大切な部分の一つはそれではないでしょうか。若者たちが実社会に出る前の最後の四年間なので、ですから、私たちもここで踏ん張らないと。

やはり、みんなが真剣に人のことを思って生きている姿をもっと直にきちんと若者たちに見せる必要があるように思います。私自身を含めて、大学の教員はある意味で所詮口舌の徒ですよ。ただ理屈だけ言っている人間です。だからこそ、せめて、若者たちに対しては本気で迫っていくことくらいは頑張って実行したい。自戒の意味を込めて、それが「給料に見合っただけの仕事はする」ということかと思っています。

［鼎談］

「自分の声を持つ」ということ

田中　望
春原憲一郎
山田　泉

既出の四つのインタビューを踏まえ、その底流をなす問題をめぐって三人の編者が語り合う。

この企画の当初の意図は、アジアから来た外国人女性たちが長く日本で暮らしても、彼女たちが「自分の声を持ち、自分として生きられる」環境に恵まれることがほとんどないという現実を前に、そうしたコミュニティー実現のために何が必要なのかを探るという問題意識から発していた。彼女たちが独立した人格を持った人間として生きていこうとするときのバリアーとなっているものは何かと問う中で、ことは日本語がマジョリティーを占める日本社会において言語的マイノリティーの境遇に置かれたいわゆる「日本人」にも本質的に共通する問題であることに、編者たちは目を見開かれていった。

そこから、さまざまな理由で学校教育を受けられなかったり障害をかかえたために言語的マイノリティーという境遇に置かれた人々が、自分の声を持つためにどのように言葉と格闘しているのかを、本人やその支援にあたった人たちから聞き出し、それを通して誰もが自分の声を発することができるコミュニティー形成のために何が問題なのかを探ってみることになった。そこで話されたことの意味を改めて捉え直す。

田中望は立教大学異文化コミュニケーション学部教授。専門は言語多文化学で、無前提に日本社会への同化を求めるような日本語教育のあり方に根底的な批判を投げかけるところから出発して、言語的マイノリティーという立場に置かれた人々がかかえる問題に、日本に限らず幅広く取り組んでいる。春原憲一郎は海外技術者研修協会理事兼日本語教育センター長。海外からの技術研修生への日本語教育に携わる一方、地域が発する社会問題にも取り組み、さらにはそうした取り組みの根底をなす、多様な価値観を柔軟に相対化する中から真に大切なものを探り出そうとする試みに挑んでいる。山田泉は法政大学キャリアデザイン学部教授。日本語教育のほか、多文化共生社会の実現を身近なコミュニティーにおいて目指す立場から、ニューカマーと呼ばれる人々とその子どもたちの支援活動にも携わっている。

●言語的マイノリティーが「声を持つ」とは

田中　この本を企画したのは、かなり昔の話で、そこからいろいろと紆余曲折がありまして……。最初のきっかけは、二十年近く前に日本に定住する外国人、それも主にアジアから来た外国人女性たちのことを知りたいと思って、長野県小諸市にしばしば出入りするようになったあたりでしたね。小諸で外国人の支援をしている熱心な女性がいて、その人たちと一緒に、空き店舗を小諸市が借り上げて集会所になっていたところでいろいろなイベントを、そんなに頻繁ではないが、やっていたわけです。そのときに、キャッチコピーではないんだけれど、大きい看板を作ろうということで、そこに「すべての人が自分の声を持ち、自分として生きられる町に」というような言葉を書いた。そんな形で活動を始めたわけです。

そのころから「声を持つこと」について、ずっと考えていたのだけれど、「自分として生きるんだ、自分として声を持つんだ」というのが、そのときのポイントだった。その「自分として」ということを考えたとき、当時この地域には、小諸の隣の佐久市にアジアからの外国人女性――主にフィリピンやタイから来た人が多かったんだけれど――、その人たちのための日本語教室があったんですね。それは、佐久市の隣町佐久町（現・佐久穂町）に住んでいたスリランカから来た女性が「勉強したい」と言ってできたという経緯がありました。

そのときの彼女の希望は、日本語で読み書きができるようになりたいということでした。ちょうど彼女には小学生の子どもが二人いて、学校からいろいろな刷物をもらってくる。それを自分で読んで、自分で返事が書けるようになりたい、と言う。自分で町に働きかけて実現したのだけれども、実は、彼女自身は、その教室に、まったく来なくなるというわけではないんだけれど、そこでは実質的な勉強をしなくなってしまった。後で聞いたところでは、日本語教室的なところでは、「あいうえお」や漢字の勉強をするけれど、本当の意味で文字をもつことには結果的にならなかった。こういう勉強の仕方じゃダメなんだっていうことを、彼女は、表立ってではなく、私に話してくれた。

自分として「声を持つ」、学校との間では子どもたちの母親として「声を持つ」ということは、やっぱり文字、書き言葉を身につけるということなんです。話し言葉ということでは、彼女は佐久弁でわれわれとも話ができるし、かなりのディスカッションもできるんだけれども、でもやっぱり、日本語の書き言葉は習得が難しい。書き言葉を身につけられれば、きちんとした社会活動ができるようになる。それがきちんと声を持つことにつながる。

実をいうと、それは地域の日本語教育だけでなく、大学で行われている日本語教育にしても、本当の意味で自分の声を持つための教育になっていたのか。そのころ、そういう疑問にずっととらわれていて、大学や大学進学のための予備教育、社会人のための日本語教育において、書くことに関する教育というのは、学習者自身が母語で持っている書記言語能力を日本語に移し替えるというだけのことで、それもなかなかうまくいっていない状況にあったと思う。そういう、日本社会の中で、外国人女性など、マイノリティーの人が本当の意味で声を持つにはどうしたらいいかということとを、それ以来考えていたんですね。

そういうふうに考えていくと、実は日本語教育という枠組みだけではなくて、例えば、障害をもっている人、ある種の病気を抱えている人、さまざまな理由で学校教育を受けられなかった人たちで、文字能力を身につけていない人というのは、われわれのまわりにかなりたくさんいることがわかった。そういう人たちに話を聞いてみよう、と。

その中には、貧しくて子どものときに学校に行けず、地域の識字教室で文字能力を身につけ、すばらしい作文を書いているおばあさんもいるし、石川一雄さんという、狭山事件で逮捕・有罪とされ、一審の地裁で死刑判決（その後、高裁で無期懲役判決）を受けたものの、冤罪を訴えてその救援活動が全国的な展開を見せ、今、仮釈放されて再審請求を行っている人がいて、そういう人たちが、成人になってから文字能力を身につけて闘っている。それから、在日一世の、特に女性たちの中には、日本語の読み書きが難しいという人がたくさんいる。当然、戦争もかかわっていて、戦争孤児の中にもたくさんいる。日系人で日本に働きに来た人など、大勢の人が文字能力を身につけていなくて、そのために自分の声を持ちにくい。でも、自分の声を取り戻すために闘ってきた人たちもいて、大勢の人に話を聞きました。

三人で一緒に話を聞いた人もいるし、個々に聞いた場合もあるんだけれど、そういう中で、今回、紆余曲折を経て、四人の方との、対談ではなくて、語り合いみたいなものを本の形で多くの方に読んでいただけたらいいなと思ったわけです。

そのうちの一人は、戦争孤児の髙野雅夫さんという人で、主に夜間中学で書き言葉能力を身につけた。今も日本社会の中で、文字能力を武器として闘っている。

もう一人は、徐京植（ソ・キョンシク）さんのお母さん。朝鮮・韓国の女性は結婚しても生来の自分の姓を名乗りますから、呉己順（オ・ギスン）さんとおっしゃいます。呉己順さんの息子さんのうちの二人が韓国に留学し、民主化運動に参加して、北朝鮮のスパイ容疑をかけられて、逮捕され、牢獄に入ることになってしまう。呉己順さんは、二人の息子を救うために何度も韓国に出かけ、さまざまな活動をする。彼女自身は、在日一世で、学校に行っていないので、日本語の文字能力はない。たぶんハングルの読み書きもできなかったと思う。息子たちを救うために韓国に入国する、監獄の息子たちに面会をするときに、どうしても文字を書かなければならない。そのために文字の勉強を始めるわけです。でも、呉己順さんは、息子さんたちが釈放される前に亡くなってしまいます。そういう活動をするなかで、末の息子である徐京植さんを含めた活動のグループとして呉己順さんの声を上げる、その手助けをした。

声を上げるというのを個人の能力として捉えるのは、非常に狭い捉え方です。今の学校教育は個人の能力を中心に考えるんだけど、グループとして、その人の代弁をするのではなくて、声を持つってことのあり方を、呉己順さんの活動の中に見ることができる。呉己順さん本人は亡くなっているので、徐京植さんに話を聞きました。

同じようにグループとして声を持つという一つのあり方が、北海道の浦河町にある「べてるの家」です。ここは、統合失調症の人やアルコール依存症の人なんかが集まって一つの会社をつくったりしていて、全員で声を持つことを実践している。日本語の文字能力を持たない人ばかりではないけれど、社会的には自分で個人として文字を書いて、声を持つということができなくなってしまっている。そういう人に、それがグループとして、もちろんそれを支える人たちもいるんだけれど、声を持つという形をつくっている。そこのソーシャルワーカーの向谷地さん、医師の川村さんに話を聞きました。

最後に、聴覚障害児たちが日本語の書き言葉能力を身につけるための教育にあたっている上農さんにお話をうかがいました。聴覚障害の子どもたちは、日本語の文字能力を非常に持ちにくい。彼／彼女らにとって望ましい母語というのは日本手話なのだけれど、それは文法をはじめいろいろな点で日本語とはまったく異なる言語なわけです。そのため、普通の子どもが日本語の話し言葉を成長とともに自然に身につけたうえで書き言葉も習得するようには、聴覚障害児は書き言葉を習得することができない。日本手話を使えるようになったとしても、日本語の読み書き能力を身につけようとすると、まったく別の言語として書き言葉を習得することになる。つまり話し言葉と書き言葉がまったく別の言語という、バイリンガル能力が求められることになる。それだけの重い負担をかけることを承知の上で、上農さんが彼らに書き言葉を身につけさせたいと願うのは、それが、日本語がマジョリティーを占める日本社会の中で、自立した市民として生きていくためや、不当な仕打ちに対して異議を唱えたりするための必須の基盤になるという認識があるからです。

今回、自分としての声を持つこと、自分として生きることと読み書き能力の問題を、こうした方々との対話を通してつきつめて考えることができたし、それを多くの読者に読んでいただこうと、やっと決意ができまして、本にしたという格好になるわけです。

もちろん簡単に解決を図れるようなことではないし、これまでの話を経てそれぞれが考えたことを、ざっくばらんに話していければと思うのですが、山田先生、いかがですか。

●マジョリティーへの同化を超えて

山田　アジアから来た女性たちが、母親として、子どもの教育にかかわる人間として、会話ができればいいということではなくて、学校と文字でやりとりできる能力が必要で、それではじめて親としての役割が果たせると考え、そこまで目指すということは、そうしたいという女性たちにとって大事なことだと、田中先生が言っておられる。それは、そのとおりだと思うんです。その一方で、上農さんと話をしていたときに、上農さんも聴覚障害の子どもたちが社会に通用する力をつけるために文字を身につけることが大事だとおっしゃりながら、その人たちだけに頑張りを期待するんじゃなくて、逆に社会のほうが耳を持ったり、目を持ったり、受け止めるためのコミュニケーション能力を持つ、あるいは、その意識を持つことが大事だと言う、常にジレンマがあると思うんですよね。

髙野さんも、武器となる文字とコトバっていうんだけれど、武器となるというのは、支配の構造の中で、人を支配していくための能力にもなる。そういう能力が必要であると認めながら、支配のほうに行かないで、田中先生の言葉でいえばパワーをレスにしていく、自分の力を落としながら、相手と対等な関係を結んでいくことが大事なんだ、と。これは、同じようでありながら、かなり違うことだと思うんですよ。これの葛藤が、私も日本語教育関係者なので、いつもある。

外国から来ている人と日本語母語話者のやりとりには、明らかにそこに上下関係がある。武器の性能の違いみたいなものがあるので、本人たちに力をつけないで、まわりの受け止める能力を高めればいいんだというのは、無責任になると、上農さんはおっしゃっていると思うんですけど。と言いながら、その人たちが声を持ったとしても、武器としての性能が低かったら、またそこに支配／被支配の構造ができてしまうので、そこをどう乗り越えるかが、お互いにとって大事だし、われわれみたいに日本語で声や文字を持ちたいという人たちとかかわっている人間が考えなければいけないことだし、考えているだけではなくて、実現していかなければならない。そのあたりがつらいところです。

その中で、自分自身は、マイノリティーと呼ばれる人たちの声を聴きながら、その裏にあることを含めて、かなり読み取れるようになった、理解できつつある、長い間かかわってきて、やっとそういう場所に行きつつあるかなと感じています。

田中　代弁の問題がありますね。マジョリティーの人とマイノリティーの人がかかわって、マイノリティーのほうが努力をして、文字を身につけて、マジョリティーと同じようになっていく。それが個人の能力としてなっていくというやり方は、マジョリティーがかかわったとしても「教える」っていう関係になると思う。それは、マイノリティー個人の努力となってしまうのは、困る。マジョリティーの人間も、自分たちがマジョリティーとして持っているパワー、力を、むしろ自分たちのほうから少しずつ減らしていくことによって、マイノリティーと近づいていくことは重要なんだけれども、そこで危険なのは、そう言いながら、実は多くの人が、マイノリティーの人とかかわりつつ、その人たちの「代弁」をしてしまうこと。

徐京植さんとの対話の中で、私がすごく重要だと思ったのは、私なんかは、呉己順さんの闘いをまわりの人が支援する中で、呉己順さん自身は本当の文字能力、自分で自分の意見を書いて、世の中に問うことができるところまで行かなかったんだけれど、まわりの人が支えて、グループとして声を持てたことが素晴らしいと徐さんに言ったら、徐さんは、でもやっぱり、あれも代弁だった、とおっしゃったんだよね。

代弁にならないように、マジョリティーもかかわり、マイノリティーの人たちとグループをつくってやっていく。そのあたりのことは、春原さんが「べてるの家」の中で見てきたんじゃないか。

春原　べてるの家が面白いのは、いろんな局面、一緒に暮らしているから、一つの機能単位でまとまっているわけではない。企業とか学校みたいに。いろんな作業、局面があって、初めは、ソーシャルワーカーの向谷地さんと医師の川村さんが代弁をしていると思っていた。実際、外部の医師や福祉関係者は「向谷地さんと川村さんがつくってる団体でしょ」みたいな言い方をします。

田中　でも、ぜんぜん違うんだよね。

春原　そうなんですよ。やっぱり代弁しているように見えるんだけれども、例えば、夜のスーパーマーケットの掃除をしてると、川村さんなんか呼び捨てにされて、「しっかり働け」とか言われたり。昆布採りなんかだと、医師なんか役に立たない。頭でっかちの人が逆に無能になってしまう局面があって、そういうさまざまな局面を、何というか、ていねいに生きている。

私はよく引用するんだけど、ビデオの中にみんなで花壇をつくっているシーンがあって、すごく働く人と、適当に働く人と、終始タバコを吸って見てる人がいて、川村さんが、あのタバコを吸って見てる人がいるからいいんだよ、って言うんですよ。いろんなかかわり方が許容できるコミュニティー、そういうのが大切なんだけれど、やっぱり今、機能的な、企業的、学校的といってもいい、一つの尺度で測られる社会になってしまっている気がするんですよ。

八〇年代の話だけど、べてるの家のメンバーが、町内会、村の寄り合いに出ていって。「私は精神障害の○○です」「私はアル中の○○です」と言えたときから、村の人たちとかかわれるようになっていって、逆に村の人たちが「自分は病気じゃない、何か欠けているような気がする」みたいになったりしたことに見られるように、一般的にはネガティブな、差別的に扱われているものによって、自分を取り戻し肯定できるようになるということがあるんですよ。夜間中学生として、精神障害者として、ろう文化宣言の「ろう者として」というのもそうだろうけど、そういうふうに言えるということは、ある強さを持っている。夜間中学に行っていたことはできるだけ触れてほしくないという人も、やっぱり世の中にはいっぱいいて、髙野さんはすごく強い人なんだろうと思うけれど、「武器としてのコトバ」というように、言挙げできることは、ある強さを持っていて、とてもそういう人はうっとうしいと思う仲間もいっぱいいるんだろうと思う。

そう考えると、田中先生はアンエンパワメントっておっしゃっているけれど、それはすごく難しい気がするんですよね。

田中　髙野さんの話を聞いて、いつも思うんだけれども、べてるの家の人たちが「アル中の○○です」と言う。髙野さんが「夜間中学の髙野です」と言う。そのことの一番もとになっているのは何なのか、いつも考えていて、髙野さんに言わせると、闘うことなんだよね。自分が置かれている立場、自分がこういう状態になってしまったことに常に怒りを持っている。でも、人間、怒りを持っていることは、難しいことだよね。怒りを持っていると生きにくい。

でも、最終的に自分として生きるためには、どこかでそういう怒りを持っていないといけないのかなと、最近は思いはじめている。私なんかも……何か、怒ってるんだよな。

私が最初にそういう怒りを持ちはじめたのは、実は日本語教育に対してですね。そのときに、日本語教育撲滅論とか言ったものだから、それをまともに受け取る人がたくさんいて、日本語教育をなくせと言ってると思われた。だけど、私は、ある意味で、教育、教えるというのは、どこかで同化に結びついていると思う。そういう中で「自分として」ということを大切にしようとすると、否応なしにその同化圧力のようなものの抵抗が増して、ゴリゴリとその人にのしかかってくる。そういう圧力が趨勢となっている社会に対する怒りみたいなもの。

それは、べてるの家の個々のメンバーが、そこまでのことを考えているわけではないかもしれないけれど、あそこ以外のところにいたら苦しいんだということ、そういうことが根っこにあるのかなと思いはじめている。その怒りをどうやって持続させていくのか。それを、今度は、自分の文字能力に転換していく。そのあたりで、髙野さんの話は非常に面白い。そこに、マジョリティー側がどうかかわるか。代弁ではなく。これについては、上農さんの話が面白かったよね。そこらあたり、向谷地さんや川村さんに、もっと突っ込んで聞きたかったんだけど。

上農さんは、日本語の書記能力を身につけないと、社会的な活動ができないし、自分を訴えられない、怒りをぶつけられない。そのためには、きちんと教えなければならない、という話をされていた。そのあたりのこともすごく面白かったんだけど、山田さんは、教えるということに対していつも「けしからん」って、言ってるじゃない。私と同じように……。

●自分を縛っている文化からの解放

山田　一九八五年、パリのユネスコの大会で「学習権宣言」が出て、学習権は読み書きの権利だと言っているんだけど、その後に、「自分自身の世界を読みとり、歴史をつづる権利」であると言っている。われわれの能力、いわゆるリテラシーというのは、非常に技術的な、表面的な能力でよしとしてしまっていて……。

田中　それは、歴史をつづる能力ではなく、例えば、日本人であれば、学校で教えられる日本史の中にうまく巻き込まれていく能力なんだよね。自分の歴史では、ぜんぜんない。

山田　そう。学習権宣言は一九八五年で、私自身、それを読んで、すごく共感したわけです。でも、その共感と、その後にハルモニたちの聞きとりなど、いろいろなことをしながら、「この人たちってすごい」っていうふうに思うでしょ。これは本で読んだんだけれど、他の人が書いた作文をハルモニが読んで、識字の先生が、その意味がわかるかって聞いたら、「意味はわかるよ。自分と同じ体験をしているんだから。書いてあることはわからないけど」と言った。断片的なものがわかって、自分も同じ経験をしていれば、その人の言いたいことが何かわかる。そういう意味で「わかる」ということと「覚える」ということは違うんだなと、そのとき、私は思った。わかるっていうのは、先生が教えて、「わかりましたか？」「はい、わかりました」というのは、「わかる」じゃなくて、自分の生き方と響き合うくらいのときに「わかる」っていうんだ、と。

　その意味でいうと、ひょっとしたら日本語を教えている私のほうが日本語をわかってないかもしれないと思った。教えるということの裏側に、自分自身が学べているのか。それがセットにならないと、表面的なスキルということに評価基準を置いちゃう。

田中　それに関連して、髙野さんの話の中に、韓国の文解教育が出てきて、あのスローガンは、髙野さんがいつも着ているTシャツに書いてあるんだけど、すごいなと思う。文解の三つの意味が並べてあって、一つは「文字を理解する」。もう一つは「文化を理解する」。ここまでは、ある意味、当たり前だよね。最後に「文化を解放する」って言っている。

「文化を解放する」って、わかりにくいんだけれども、私は、文化というのは、例えば、ジェンダーの問題で、男性／女性があって、男性の生き方に一つの文化があり、女性の生き方に一つの文化がある。日本語では非常に便利な言葉があって、「〜らしい」という。「女らしさ」とか「男らしさ」というのが、われわれなら日本という社会の中にあって、それは韓国の中にもあって、それぞれちょっと違うと思う。その「らしさ」というが、一種の生き方の枠組みをつくっちゃっていると思うんですね。私はそういうものをすべて「文化」だと思っている。

例えば、障害者らしく、生活保護をもらっている人らしく、とかさ。そうすると、「生活保護をもらっているおばあさんが冷房つけるのは、けしからん」みたいな話になっちゃう。その社会の中で、暗黙のうちにできている生き方の枠組みみたいなもの、それを文化であると考えると、文化を解放するというのは、そういう文化の中に囚われている自分を、文化から解放するというふうに、私は解釈したいんだ。髙野さんの話の中に出てくる韓国で文解教育の実践をしている萬稀（マンヒ）さんという女性がいて、彼女と話をしたときに、「私はそういうふうに考えてるんだけど、それでもかまわないか」と聞いたら、それは正しいとは言わなかったけど、それでいいと言ってくれた。

自分を文化から解放することは、決定的に重要だと私は思った。それは、マイノリティーの人たちはマイノリティーとしての「らしさ」から、マジョリティーのほうも、マジョリティーとしての

「らしさ」から自分を解放する。その「らしさ」というものを、ほとんどの人が意識していない、あまりにも自然だから。でも、その文化から自分を解放してみる。すると、さっき山田さんが言ったように、実はマジョリティーなんだけど、現実には全然力を持っていない。力を持っているのは、社会がそういう枠組みをつくっているからなんだよね。

日本人だったら、日本の学校に行って、日本の歴史を覚えて、昭和でちょっと失敗したけどさっていう歴史の中に自分が組み込まれていけば、日本社会の中では生きやすいし、別段、齟齬をきたすわけではない。だけども、自分の歴史を語ることができるかというと、そういう文化の中に取り込まれている以上、自分として生きているわけじゃないと思うんだよね。そういうふうに自分を文化から切り離してみると、識字でも、日本語でも、それ以外の学校教育でもいいんだけれど、勉強している人たちと自分たちと、そんなに差があるわけではない。そういうものの中から、むしろ自分たちがマジョリティーサイド、教師は基本的にマジョリティーサイドになっているので、その人間がどう学べるか。教師が学ばなくていいと思ったら、それは、教えることしかできないよね。そうなったら、教師は辞めるべきだ。

春原　でも、そういう教師ばっかり残ってるでしょ。

山田　私は文化のことを「世界の見方」と言っているんですが、自分が帰属する社会の中で、教育という装置を使って、学校だけではなく、家庭教育もあるし、メディアもある。そういう操作をされて、世界の見方をつくっていく。逆に社会の側を変えていく主体になる、そういう力をつけるのが学びだと思う。その学びに貢献する教育というのがないと、社会に教え込まれた個人を変えて、社会を変える教育と、両方ないとダメで、自分の文化と自分の帰属する社会の文化は絶対違うので、どうしたら社会の文化から個人の文化をずらせるかというのを、ずっと考えていたんですね。

●自らの生理から発する言葉と見方をつちかう

山田　これは、文化の話じゃないんですけど、わたしが卒業した小学校の同窓会に数年前に行って、その同窓会が終わるときに、最後の言葉を一番先輩の八三歳の大貫功さんという人にしてもらった。大貫さんは、戦中早稲田の学生だったんですが、学徒出陣二年目の昭和十九年に海軍航空隊予備学生（神風特攻隊）になって訓練中の事故で二度にわたって死線をさまよいながら、出撃命令が下りないまま、終戦を迎えた人です。お国に命を捧げるつもりでいながら、九死に一生を得た。

戦後、高校教員になったんですが、フォード財団の留学生としてアメリカ滞在中、戦時中に同じパイロットで敵として戦った人たちと出会った。互いにそれがわかると、抱き合ったり、手を握りしめたりして、互いの無事を祝い合ったと言う。そのとき、大貫さんが思ったのが、「戦争は人と人がやるんじゃなくて、国と国がやるんだ。でも人と人が殺し合うんだ」ということだったと言う。同時に教員として、今度は、命をかけて自分の教え子を戦地に送らないようにすると決心したそうです。授業の最初にいつもこの自分の体験を生徒たちにするんだって。この日も前のほうに中学生や高校生の同窓生が座っていたもんだから、先生だった時代に戻っちゃって、あんたたちにこの話をしたかった、と。

私もそれを聞いていて、いい話だと思ったけれど、文化と人の関係もそうなんだ。人が自分の社会の文化の代理になって、相手の背景にある社会の文化をどう判断するか。そういうことをやっている。そこを個人が自覚的にずらすことはできるはずだ、と。教育によって世界の見方を教えられたんだったら、教育によってそれを外すことができないはずはない、と確信した。じゃあ、どうしたらいいかを考えるのが、教育にかかわる人間としての、私のやるべきことと思った。それは、すごく劇的な、ずっと抱えていたことが、大貫さんの話で「わかった」瞬間。

春原　まさにそれが教育だとすると、マジョリティーは「反教育」をやっている。

山田　社会に都合のいい人間をどうつくるかという。本当は、そういう考えを持たないようにする教育をやらなきゃいけないんだよね。

田中　その場合に、山田さんはそこで気づいたかもしれないけれど、マジョリティーの人間すべてが実はそれができるはずなんだ。そのできるというのは何なのか。

高野さんが、小さい頃に、満州から朝鮮半島を経由して博多で浮浪児をやっていて、仲間のゴンチを殺された。そういう「怒りのもと」みたいなものは、小さいときはみんな持っているんじゃないか。学校教育の中でマジョリティー化されていく、別の言い方をすれば、社会化されていく、日本人になっていく、大人になっていく……その過程の中で、そういうもの、違和感を出すと損なんだよ、まったく得にならない、違和感を持ち続けたら、成績は良くなんないんだよ、と。でも、その違和感をずっと持ち続ける、髙野さんはその典型だと思うけれど、それをどうやったらうまくできるんだろうね。

山田　髙野さんの中にあるのは「生理」なんだろうね。生理があって、真理があって、道理。学校教育は道理から教え込まれる。逆に、道理から真理に行って、生理まで読みほどく。そういうことが必要だっておっしゃってますよね。そういうものが教育の中に仕組まれているといいんじゃないか。

春原　上農さんの話の中で、小学校四年生くらいから学校の勉強がわからなくなっちゃう子どもがたくさんいる、と。そのまま大学や企業まで行っちゃうと。四年生ぐらいで、疑問を持ってじたばたするのは得じゃない、解き方、正解の見つけ方を学んだほうが得だと思うのが普通だと思うんですね。そういう形で、自分でそう判断して同化していく。

山田　戦略的同化というやつ。

春原　そう。それがうまくいかなくて、中島義道さんなんかも三流校で教員をしていたとき、わかんないままに大学まできているそういう子たちって、違和感を自分の中に押し込めているという。違和感、わからなさ、劣等感とか。そういうのがどこかで噴出してくるか、もしくは自分の身体に向かってしまって、自傷行為などを行ってしまう。十歳くらいで感じ始めた違和感みたいなものを、教育の力で頭の中だけに押し込めて処理してしまうのではなく、心とか魂とか生理的なものを含めて、全身で感じとる世界の感触、学校で教えられてきたものと違うと思える感性を生かしつづけておくことが大事。

髙野さんに別の折に聞いた話の中に沖縄の漁師のことが出てくるんですよ。漁師って、義務教育が終わるか終わらないかくらいで海に出ないと、一人前の漁師になれない。みんながサラリーマンになる前の世界って、だいたい中学を出たら大工になったり、植木屋になったり、鳶になったりしていた。そのほうが、おそらく全人間として生きられる、道理だけではない世界で生きられるわけです。ところが、今って、延々と学校制度の中にいて、企業に入っても、自己研修とか自己実現とか言われて、ずっとその文脈の中にいなければならない。表面的には見えないけれど、山田さんの言葉で言えば、国語力も、批判能力も、実は、その中で摩滅してしまっていることが、怖い気がするんです。

●個々人の競争の場から皆の共創の場への転換

田中　学校教育のようなところで一番基本にあるのは、能力というのが個人に帰属するという、一種の能力主義で、それは一般の人から見ると当たり前の話ではあるけれど、その意識って、どこかで変えないと……。実は、本当の意味で「自分としての声を持つ」というときの「自分として」というのは、能力主義的な意味での個人ではない。自分であるということは、もちろんまわりから支えられているわけだし、まわりとのかかわりの中でしか、実は自分というのはあり得ない。

「アンエンパワメント」(unempowerment) という言葉は、もともと英語にある言葉ではなくて、「アンラーン」(unlearn) という言葉から発想を得て、私がつくった言葉です。アンラーンは、鶴見俊輔さんの説明が面白くて、私はいつもそれを使っているんだけれど、鶴見さんがハーバードに通っていたとき、ヘレン・ケラーに会った。ヘレン・ケラーは三重苦の人と言われていて、言葉を身につけるのに大変な苦労をした。有名なサリバン先生と井戸の水の話があるけれど、とにかくそのヘレン・ケラーと話をしたんだって。あの人は、ラドクリフというアイビーリーグの女子大を卒業したんだけれど、それまでに学んだことは、ちょうど型紙に沿ってセーターを編んだようなものだという。型紙通りに編んだセーターは、着てみると全然身体になじまない。しょうがないから、一回それを全部ほぐして、毛糸の玉にして、編み直すということが必要だった。それがアンラーンだっていう。大学に入るまでの学校教育でずっと学んでくることは、個人をベースにした能力をつけていくことで、それが「エンパワー」と普通いわれているわけだよね。そこから、一度それをほぐしてみる、毛糸の玉に戻してみるっていうのは、さっきの言葉でいえば、マジョリティーの人がマジョリティーの文化を脱ぎ捨てて、自分を守ってきた鎧を脱ぎ捨てて、一回裸になってみる。そこから、もう一度セーターを編み直す。そのセーターは、自分の工夫でつくった自分としてのセーターで、それは決してそこら辺で売っているものではないし、型紙でつくったものでもない。だから、「自分として」なんだけれど、その場合の「自分」というのは、逆説的に思われるかもしれないけど、むしろまわりの人間とのかかわりの中における自分ということになる。学校教育の中では、能力というのが、個人としての能力を高めるものとして教えられ、身につけられてくるんだけど、その能力をゼロにして、もう一回エンパワーしていく。そのエンパワーは、一人としてではなく、グループとして、人間が一人で生きているわけではないという意味での「自分として」つける能力だと思う。

今回の対話では、徐さんのお母さんのケースでもあり、べてるの家のケースでもあり、髙野さんが夜間中学で教わったことの中に一部分それがあるんだよね。あそこの、見城先生という人が、学校が始まる前に、働いている学生の姿を見にいく。学校では、みんな元気なんだけど、昼間の姿っていうのは、ある意味で惨めな姿なわけだ。そこまでして、社会とのかかわりの中で自分というものを考えていくことができるようになる。

上農さんは、第一言語として日本手話を身につける聴覚障害児って少数だというのだけれど、その子たちにその後で日本語の文字能力を身につけさせようとしていく。そうでないと、社会的な活動、日本社会の中で声を持つことができなくなってしまう。そこで、彼は教えるんだけども、彼らが日本語の書き言葉を身につけるのはすごく大変なことなんだということを承知して教えている。その上で、自分はマジョリティーの側の安全なところにいて、がんばんなさいよと言っているわけではないというところが面白い。

春原　そこは鍵じゃないですか。そうじゃないと、田中さんが今おっしゃったことが別の意味で、例えば、強いグループをつくるんだと捉えられてしまう。今、田中さんがおっしゃっているのは、ある意味、反資本主義ですよね。自由な個人が自分の労働力を商品として売るのが資本主義だから、そういう個人単位の能力観を超えなければならない。かといって、以前の自給自足の村落共同体には戻れない。じゃあどうするか。一つの発想として、Jリーグやプロ野球のチームみたいに、強い個人を集めてみんなで強いチームをつくるんだという方向があるんだけれど、おそらく髙野さんが塚原先生や見城先生とダルマストーブを囲んでいた時代の夜間中学という場、べてるの家という場、ろうコミュニティの場っていうのは、そういうJリーグのチームのようではまったくなくって……。髙野さんも、向谷地さんも（向谷地さんは「身体性」という言い方をしている）、上農さんも、場の力について語っているけれども、そこで思い描かれている場は、強者の集団という場とはまるで違う。

田中　そう。勝ち組だけっていうわけでは、まったくないんだよ。

春原　鷲田清一さんがいう「ヴァルネラビリティ」、強い／弱いの弱さじゃない、常に死に向かって開かれているというか、そういう弱さを、場の中で豊かであると実感し、納得して生きていけるかっていうことが、大きなポイントだと思うんですよね。

山田　みんなと一緒に能力を発揮するというのは、強い能力じゃなくて、生きていることでみんなとつながりができていくということだと思う。それが必要なんだけど、それができるのは、みんな、個人で生きているからなんですよね。誰かに依存しながらやっていることではなく、社会全体が教養みたいなものを身につけて、予定調和的に「こうなる」というのがわかっていて、自分もそっちへ行く、というようなものではない。自分は「これだ」というのがあって、それ以上でもそれ以下でもない人たちが集まって輪をつくるときに、その人も場に貢献するけれど、他の人が貢献する場に自分も居られるような、そういう場がいいはずなんだけど……。どこかで指図したり、コーディネートして、まとめちゃうみたいな、一人の意思が全体を牛耳るものではない社会をつくっていかなきゃいけない。そのときに、教師、先生っていうのが、そうなりうるかどうかが、一番大事だと思うんですよ。

逆にいうと、先生が学生に教えられる、バカな先生も学ぶみたいな中で、自分も加われるか。じゃあ、先生はいらないじゃないか、みんな同じじゃないかっていうときに、「誰かが仕切ってはダメだ」と言える権限だけは先生に与えられているとかね。そういう、先生の役割を場が認めて、承認してやっているというのがあるといいんじゃないか。

田中　自分として声を持つというのは、まさにそういうこと。場の中で、個人個人はみんな違うはずだよね。べてるの家でいうと、川村先生はやはりお医者さんなんだから、ある部分で医者としてのかかわりというのはあるはず。でも、そうじゃないかかわりもある。普通、医者は、患者さんと「医者面」をしてかかわるじゃない。でも、川村先生はそうじゃないんだよね。

春原　全然違う。

田中　日本語教師は、日本語教室の中で、日本語教師の顔をしてしかかかわらない。日本語教育、特に大学の日本語教育なんて、だんだんそうなっている。専門性とかいって。自分を見本みたいにして。そうすると、エセ日本人、日本語上手な学生にしたくなったりするんだけれど、そうでない接触をする場こそが、自分として生きる場なんだと思うんですよね。
　日本語教育の世界で、最初は一般にやっている日本語教育が外国人をエンパワーして、日本社会の中で活動できるようにするためには、日本人と同じような日本語能力を持つことがいいんだという発想でやっていた。それは、大学予備教育みたなところでは多少成功したのかもしれない。でも、そうじゃないところでは、例えば、地域の日本語教室のようなところでは、ぜんぜん成功しなかったんじゃないか。
山田　リサ・ゴウが『私という旅』の中で、「私たちを日本人に改造するのではなく……日本語が学べるところが必要なのです」と言っているけれど、まさにそのことですよね。
田中　そう。で、そういう日本語教育の撲滅論を、私は言ったんだけど、あんまりくわしく説明しなかったから、みんなに誤解されちゃった。
　こういうのを世に問うというのは、われわれがずっと考えてきて、もちろん解決しているわけではなくて、じゃあ具体的にどうするんだと言われたときに、いい解決策があるわけではないけれども、日本語教育でも、ほかの教育でもいいんだけれど、こういう人たちの話を聞きながら、いつも悩んでいられる、考えていられる、そういう人が読者の中にたくさん出てきてくれれば。
山田　体よく自分をだまし込まない、葛藤を引き受けられる、そういう能力が必要ですね。

●場の空気に流されないユーモア感覚

春原　先ほどの違和感でも、怒りでもいいんだけれど、そういうものを熾火のようにもっていること。もう一つ必要なのが、川村先生や向谷地さんとかが、よく「にもかかわらず笑う」と言っていて、そこにユーモアというか、私は「遊び」って言いたいんだけど、それがないと、何かぎすぎすした場をつくってしまう。

山田　地震があって、津波があって、東北のある大学にいた外国人教員が、国に帰れという指示が出て、仙台まで来てテレビを観ていたら、自分が住んでいたところのおばちゃんが避難所で笑っているのが映っていた。それをインタビューした人が、「どうして笑っているんですか」って聞いたら、「こんなにひどい目に遭ったら、笑うしかないでしょ」と言った。それを聞いて、自分は国に帰らずに、住んでいたところに戻ったという話が朝日新聞に出ていた。そういう強さというか、全部を受け容れながら、自分がそこで生きていくことはあきらめない。そういう強さってすごいな、と思うんです。われわれだったら、頭で考えて、こういう悲惨な状況で、これからどうなるんだろうってなっちゃうんだけど、とりあえず笑っておこうという。

田中　そうすると「こんなときに笑ってるのは、けしからん」っていう人がいるんだよね。もっと真面目に悩めって。思い出すのは、鷲田さんの本の中に出てくる、たこ八郎のお墓に書いてある「迷惑かけてありがとう」っていう言葉。ああ言われると、笑うしかないよね。

日本語教育の人たちは、みんな真面目だもんなあ……。

あとがき

〝僕らは笑うしかない。ときにはあきらめるしかない。
笑うくらいで足りなかったら、笑い転げなくてはならない。〟（精神科医　川村敏明）

べてるの家でインタビューしたときに、川村先生がおっしゃったこの一言には、厳しい冬をくぐりぬけた後に目にする新緑のようなしなやかな希望が感じられます。そこには、深刻な問題にまっこうから向き合ったからこそ生じてくる智慧とユーモアが結晶しています。

髙野雅夫さん、徐京植さん、向谷地生良さん、川村敏明さん、そして上農正剛さん。本書のインタビューに応じてくださった五人の方々のお話は、大きな大きな問いを投げかけています。と同時に、その問いに真摯に取り組むことから発する思索をどこまでも深める力がこもっています。五人が投げかける問いは、一見、いかにして言葉や文字、声を持つかということのように見えますが、実はその前に深々と影を落としているのが、人はどのようにして言葉を獲得できない状況に置かれ、文字社会から疎外されてしまうのかをめぐる、痛切な問いかけです。

戦争や貧困、植民地支配や性差別、病気やけがが、障害や老いによって、さらには、異なる言語・

文化間の移動や社会の変化によって、言葉や文字を獲得できなかったり、摩滅・喪失していったりします。そのからくりを考えぬき、考えつづけながら、具体的な実践や運動、教育や支援を組織していき、新たな社会や地域の構想をすることに関して五人は果てしのない思索家であるとともに、したたかな実践者です。

髙野さんの、夜間中学を守るという発想から新設する運動への転換、向谷地さんの、社会復帰するという発想から社会を変革するという実践への転換、呉己順さんの、海峡を越えた釈放運動に取り組んだ過程での言語の獲得、上農さんの、音声言語を経由せずに明示的に文法を提示して書記言語を獲得する可能性に賭ける教育実践……。どれもが、難しい問題を抱えた人々が社会的に望ましい姿で生きていくことができる環境づくりのための闘いであり、パイオニア的実践といえます。

五人の表現者に共通しているのが、「武器としての言葉と文字」です。

文字を知るとか学ぶなんてのはオレにはないんです。奪い返す、闘いなんです。（髙野）

マイノリティーとしての自らの権利を保守するための武器になる道具として学ぶ（上農）

それは、暴力や差別、障害や疾病によって奪われたもの、失ったものを取り戻し、社会を変える「武器」としての〈声〉を持つことです。言葉や文字によって作られた社会と歴史は、常に／再び、言葉と文字によって作り変えていくことが可能であるという希望を五人は伝えてくれます。

自らが置かれた状況に深く根差しながらユニークな実践と透徹した思索を展開してきた五人の方々の活動についてさらに知りたい方のために、以下の書籍と映像記録を紹介しておきます。

《髙野雅夫さん》

髙野雅夫『夜間中学生タカノマサオ――武器となる文字とコトバを』解放出版社、一九九三〔髙野さんの活動と思索の原点が凝縮されています。〕

髙野雅夫『タカノマサオ2　夜間中学から朝鮮半島へ――58歳学びの原点を求めて』解放出版社、一九九九〔前著の続篇。ソウル大学語学研究所に語学留学したときの体験談が中心です。〕

髙野雅夫・髙野大『父の遺書、僕たちの新書』新読書社、二〇〇八〔次男髙野大さんとの共著。髙野さんの闘いの意味を次代にいかに伝え、子ども世代がそれをどう展開するかを問うています。〕

《べてるの家》

向谷地生良・川村敏明・清水義晴『べてるの家に学ぶ』博進堂文庫20〔向谷地さん、川村さんとべてるの家の社会的発信の仕掛け人清水義晴さん（えにし屋主宰）の鼎談。べてるの飄々とした風情が溢れていて、初めての読者にはお薦めです。〕

浦河べてるの家『べてるの家の「非」援助論――そのままでいいと思えるための25章』医学書院、二〇〇二〔べてるの活動が活写され、その思想の原点もよくわかります。〕

向谷地生良『技法以前』医学書院、二〇〇九〔当事者を活かすために専門家は何をすればよいか、何をしてはいけないかについての体験にもとづく指南。装丁、イラストも極上。〕

映像シリーズ『ベリーオーディナリーピープル』星屑倶楽部／中島映像教材出版、二〇一〇〔べてるの家の暮らしぶりを記録した、圧巻の内容を持つドキュメンタリーDVD。〕

《徐京植さん》

徐京植『プリーモ・レーヴィへの旅』朝日新聞社、一九九七〔アウシュヴィッツを生き延び、その証言によって高い評価を受けながら自死した作家レーヴィの足跡を、徐さんの経験と交差させながらたどり、人間のあり方について思索を深めた書です。〕

NHK ETV特集『アウシュビッツ証言者はなぜ自殺したか…プリーモ・レーヴィ「これが人間か」』二〇〇三年二月五日・六日放映〔徐さんがガイド役になってレーヴィの足跡を追った映像ドキュメンタリー。NHKアーカイブなどで観ることができれば、魂を揺さぶられます。〕

《上農正剛さん》

上農正剛『たったひとりのクレオール』ポット出版、二〇〇三〔上農さんが取り組んでいる聴覚障害児教育の問題を軸に、哲学、言語学、倫理学、障害学、医療社会学などの幅広い知見を踏まえて実践的な解決策を模索した書。深く粘り強い思索を共にしながら、再読三読したい本です。〕

山本おさむ『わが指のオーケストラ』(1)〜(4)、秋田書店、一九九一–九三〔大正〜昭和と、ろう教育者として生涯を手話の普及につくした高橋潔の生涯を描いた、上農さん推薦のマンガです。〕

江副隆秀『見える日本語、見せる日本語』新宿日本語学校、二〇一一、同『見える日本語、見せる日本語(2)』新宿日本語学校、二〇一二〔外国人や聴覚障害児に書記日本語を教えるために文法の可視化を試みた、江副さんの創意工夫が存分に発揮された画期的な内容です。〕

この企画が動き出したのは二〇〇三年で、その後種々の事情から予期せぬ紆余曲折を経て、ここにようやく刊行の運びとなったことについては、感慨を禁じ得ません。その間に、本書への掲載がかなわなかった方も含め、多くの方々のお力添えをいただきました。インタビューに応じてくださった五人の方々には、ここで改めて長らくお待たせしたお詫びと心からのお礼を申し上げます。

裏方として編集作業を支えてくださった二人の編集者にも、心から謝意を表したいと思います。大修館書店編集部にいらした康駿さんは、当初からこの本の意図に共鳴して担当してくださり、二年前に定年を迎えた後も、子会社に勤務して難産であった本書の完成に力を尽くしてくれました。吉峰晃一朗さんは、田中望さんと私の院生であったことからこの仕事にかかわることになり、インタビュー録音の文字起こしをしてくれました。彼は二〇〇八年には自らココ出版を設立し、その事務所はインタビューの場として、また編集打ち合わせの場として使わせていただきました。

異なる社会・文化の間に橋を架けるための言語教育は、まだ日本においては、高く険しい、しかし豊かな山に登りはじめたばかりだというのがわれわれの認識です。その麓からの歩みを始めるにあたって、高野さんの言葉をおいて門出としたいと思います。〝やっぱり、教師に哲学が要求される時代だと思います。俺らの時代は、もう貧困っていう大きな原点がありましたから。〟

二〇一二年一月

春原憲一郎

[編著者紹介]

田中望（たなか　のぞみ）
立教大学異文化コミュニケーション学部教授。
専門は言語多文化学で、内外のマイノリティーがかかえる問題に言語との関わりで幅広く取り組んでいる。

春原憲一郎（はるはら　けんいちろう）
海外技術者研修協会理事兼 AOTS 日本語教育センター長。
海外からの技術研修生や医療・福祉従事者への日本語教育に携わるほか、地域社会における多言語・多文化問題にも取り組んでいる。

山田泉（やまだ　いずみ）
法政大学キャリアデザイン学部教授。
外国人に対する日本語教育のほか、ニューカマーと呼ばれる人々とその子どもたちの支援活動にも携わっている。

生《い》きる力《ちから》をつちかう言葉《ことば》——言語的《げんごてき》マイノリティーが〈声《こえ》を持《も》つ〉ために

NDC371／ix, 245p／19cm

初版第 1 刷——2012 年 3 月 1 日

編著者——田中《たなか》 望《のぞみ》／春原《はるはら》憲一郎《けんいちろう》／山田《やまだ》 泉《いずみ》
発行者——鈴木一行
発行所——株式会社 大修館書店
〒113-8541 東京都文京区湯島 2-1-1
電話03-3868-2651（販売部） 03-3868-2294（編集部）
振替 00190-7-40504
[出版情報] http://www.taishukan.co.jp

装丁者——下川雅敏
印刷所——壮光舎印刷
製本所——司製本

ISBN978-4-469-21336-2　Printed in Japan